KB039032

국제법을 알아야 논쟁할 수 있는 것들

독도와 바다, 주권과 인권, 그리고 전쟁에 대한 약간은 불편한 진실

국제법을 알아야 논쟁할 수 있는 것들

독도와 바다, 주권과 인권, 그리고 전쟁에 대한 약간은 불편한 진실

| 홍중기 지음 |

댓글 달기 전 필독!

故 유홍근 참사관님을 기억하며

우리나라와 주변국 간의 관계에서 비롯하는 여러 시사 쟁점들은
어떤 식으로든 국제법의 다양한 원칙들과 밀접히 연관되어 있다.
겉으로 국제법의 제약을 받는다는 사실이 명확하지 않더라도 조금
만 깊이 파헤쳐보면 특정 현상이나 정책의 뿌리에 국제법적 원칙
들이 어떤 식으로든 얽혀 있기 마련이다. 그러다보니 우리 사회에
매우 익숙한 토론의 주제들 중에도 막상 국제법에 대한 이해가 없
이는 제대로 된 논쟁이 불가능한 경우가 많다. 쉬운 예로, 우리나
라는 독도가 지리적·역사적·국제법적으로 우리 영토라고 말하고
있는데 국제법을 모른다면 독도가 국제법적으로 우리 영토라는 주
장이 무의미해진다. 독도의 역사를 모르면서 이를 역사적으로 우
리 영토라고 말할 수 없는 것과 마찬가지이다.

　필자는 국제법과 관련된 공부와 업무를 해오면서 독도뿐만 아니
라 우리나라 언론과 네티즌들이 공격적 또는 방어적 태도로 관심
을 집중하는 몇 가지 쟁점들이 그릇된 정보와 왜곡된 이론에 오염

되어 있는 현실을 자주 목격했다. 사실 국제법은 전공자들과 실무자들, 그리고 관련 분야 수험생을 제외하고는 그다지 대중적으로 큰 관심을 받지 못하는 분야이기 때문에 상당수의 기초적인 원칙들조차 잘못된 상식의 그늘에 가려져 있다. 독도와 이어도, 해양법 문제, 국가주권, 북한 인권 문제, 테러와 무력사용 등이 그러한 대표적인 사례이다.

모두다 너무나 민감하고 쉽지 않은 주제들이다. 모든 사회과학적 토의 주제들이 그러하듯 그러한 주제에 대해 객관적이고 올바른 토론을 하기 위해서는 약간의 이론적 지식과 냉철한 성찰이 필요하다. 잘못된 토론이 지속되도록 방치하는 것은 장기적으로 사회적 손실을 야기한다. 잘못된 토론은 잘못된 여론을 낳고 잘못된 여론은 잘못된 정부정책을 유지시키거나 악화시킬 것이기 때문이다.

『국제법을 알아야 논쟁할 수 있는 것들』은 우리나라와 직간접적으로 관련된 국제법 시사 쟁점들에서 종종 상식의 허를 찌르는 사실과 이론을 살펴볼 수 있는, 그러면서도 최대한 가볍고 편하게 읽을 수 있는 일반 교양도서이자 국제법에 관심 있는 독자들의 유용한 참고도서가 되기를 바라는 생각으로 썼다. 특히, 이 책을 쓰는 과정 내내 필자는 인터넷 댓글 토론에 임하는 마음가짐이었다. 댓글에서 흔히 나오는 이야기를 떠올리며 토론을 이어갔고 비판적인 '악플'을 염두에 두며 논리를 전개했다. 결국 오늘날의 인터넷 세상에서 우리는 모두 댓글을 다는 네티즌들이기 때문이다.

이 책은 결론적으로 독도와 이어도를 잘 지켜야 하며 북한인권을 위해 우리 모두 열심히 생각하고 열심히 토론해야 한다는 따위의 진부한 주장들을 제시하고 있다. 그러나 그 결론에 이르는 이론과 논리는 누군가에게는 급진적으로 또 다른 누군가에게는 반동적으로 느껴질 수도 있을 것이다. 또한, 어렵고 딱딱한 이론서가 아닌 읽기 쉽고 공감할 수 있는 글을 쓴다는 핑계로 필자의 얕은 학문적 수준을 은폐하고 있다는 점도 독자들에게는 자명해보일 것이다.

이러한 약점에도 불구하고 이 책이 전달하고자 하는 메시지는 충분히 일독의 가치가 있다고 확신한다. 그리고 좀 더 많은 사람들이 이 책에서 다루는 소재들에 대해 정치적으로 올바르고 이론적으로 건전한 토론을 펼칠 수 있다면 작으나마 의미가 있을 것이라고 생각해본다.

따스한 격려와 배려, 그리고 날카로운 안목으로 여러 모로 부족한 원고를 좋은 책으로 탈바꿈시켜주신 도서출판 한울의 편집부 여러분께 깊은 감사의 말씀을 전하고 싶다. 아울러, 독자의 입장에서 유용한 조언을 제공해준 강지수 박사와 탁월한 비평적 안목으로 초고를 대폭 개선해준 김민철 변호사에게도 각별한 고마움을 전한다. 이 책에 오류가 있다면 물론 그것은 전적으로 필자의 몫이다.

2013년 5월
홍중기

차 례

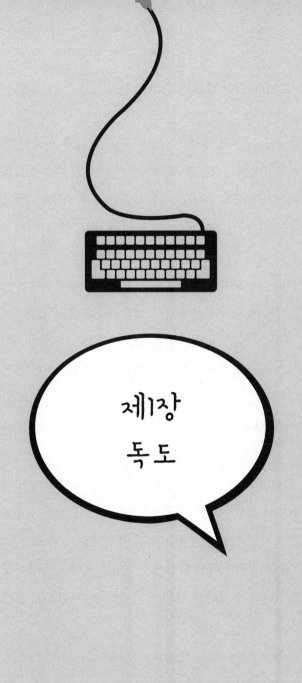

✏️ 들어가며: 도발과 응전의 패턴?

2011년 8월, 일본의 몇몇 의원들이 독도에 대한 한국의 지배 상황을 살펴보겠다며 울릉도를 방문하기 위해 김포공항에 도착했다. 그러나 이들의 입국을 허가하지 않겠다는 우리 정부의 방침에 따라 결국 이들은 자신들만의 '〈1박 2일〉 울릉도 편' 미션을 포기한 채 일본으로 돌아갔다. 그들의 울릉도 방문 계획이 처음 알려진 7월 중순 이후 약 2주간 어느 언론인의 표현대로 우리나라는 일본 무명 정치인들의 노이즈 마케팅에 전국이 활활 타올랐다.[1] 정치인 출신 모 장관은 일본 의원들의 울릉도 방문을 치욕적인 영토주권의 침해라고 규정하고 직접 독도를 지키겠다며 1일 초병 체험에 나섰다. 그는 독도 문제가 우리 정부의 '조용한 외교' 탓이며 1998년 신한일어업협정을 바로잡아야 한다는 주장까지 내놓기에 이르렀다. 일부 시민단체는 일본 의원들이 입국을 시도한 날 김포공항에서 항의 표시의 퍼포먼스를 벌였는가 하면, 각종 포탈과 인터넷 게시판은 일본에 대한 적나라한 적개심으로 충만한 글이 넘쳐났다.

우리 사회의 이러한 반응에는 약간 흥미로운 점이 있다. 북한이 플루토늄과 우라늄에 대해 열심히 학습하면서 수시로 남한을 불바다로 만들겠다고 위협하고 실제 우리 영토에 직접 대포를 쏘기까

---

1 "日 의원 '노이즈 마케팅'에 놀아난 정치권", 《한국경제신문》, 2011년 8월 1일, 8면.

지 해도 우리 여론은 전반적으로 다소 무심하고 시큰둥한 반응을 보인다. 반면, 일본의 정치인들은 우리 영토를 다 빼앗겠다는 것도 아니고 저 먼 바다에 있는 작은 섬 하나를 자기 나라의 영토라고 우기는 것에 불과한데도 우리는 마치 영토 전역이 핵공격이라도 당한 듯 격렬한 반응을 보인다. 아마도 북한의 위협은 2012년에 북한을 강성대국으로 만들어놓겠다는 (이미 파탄 난) 약속만큼이나 신뢰성이 떨어지는 반면, 일본은 이미 역사적으로 우리를 충분히 괴롭혀왔고 우리보다 부유한 나라로서 우리를 언제든 또다시 괴롭힐 수 있는 괘씸한 나라라는 생각 때문일 것이다. 우리 사회의 뿌리 깊은 반일 감정이 그러한 반응의 차이를 설명해준다고 볼 수 있는 것이다. 아울러 그만큼 독도가 우리 국민의 의식 속에 차지하는 비중이 크다는 점을 엿볼 수 있게 해준다.

어쨌든, 독도 문제에 대한 우리의 반응은 다소 정형화 또는 구조화되어 있다. 일본 정부나 정치인들의 독도 건드리기 망언이 시작되면 우리 여론은 일본의 도발에 준엄하게 분노하고, 언론은 일본의 체계적이고 치밀한 독도 침탈 야욕을 밝히는 기사를 내보내면서 우리 정부가 이른바 '조용한 외교'나 하다가 뒤통수를 얻어맞았다고 비판한다. 전국 각지의 전문가들이 언론에 등장하여 일본의 영토 침탈 야욕을 비판하고 조용한 외교를 탓하거나 한일어업협정을 탓한다. 때맞춰 우리의 독도 영유권을 결정적으로 밝혀줄 증거를 찾아냈다면서 ─ 마치 지금까지 결정적 증거가 부족해서 일본의 억지 주장이 지속되었다는 듯이 — 어디선가 전문가들이 오묘한 모양의 고지도 한 장씩을 들고 나오기도 한다. 정치권도 정부의 무기력한 대응을 성토하면서 그 유명한 '실효적 지배 강화'를 주문한다. 일본의 술수에 말려들지 않기 위해 침착한 대응이 필요하다는 〈기자수첩〉류의 글들이 가끔 눈에 띄기도 하지만 강경한 분노를 표출하는 기사와 칼럼에 밀리기 마련이다.

사실 영토 문제가 다수 국민들의 감정적 반응을 야기하고 정치인들이 이를 정치적 목적에 활용하는 것은 우리나라뿐만 아니라 전 세계 어디에서든 흔히 벌어질 수 있는 일이다. 아무리 선진적인 시민의식이 자리 잡은 나라에서도 영토 문제나 국경 문제가 불거질 때에는 여론이 차분한 국익계산보다는 뜨거운 가슴으로 먼저 반응하기 마련이다. 따라서 독도에 대한 우리 사회의 열정적 반응을 민족주의적 감성에 사로잡힌 과도한 흥분 따위로 함부로 매도해서는 안 될 것이다. 이러한 민족주의적 감성에서 비롯한 반응이 만일 사회 전체에 개인의 자유와 권리를 부정하는 전체주의적 분위기로 흘러간다면 그것은 심각한 문제가 아닐 수 없으나, 우리 시민사회의 역량이 그러한 총체적 억압체제의 도래 또는 민주주의의 후퇴를 두려워할 정도는 아닌 것으로 생각된다.

그럼에도 합리적인 상식이 감정과 감성, 그리고 함성에 우선하는 더 나은 사회를 만들고자 한다면 독도 문제처럼 중요한 사안에서는 흥분을 조금씩 자제하고 객관적 사실과 지식을 바탕으로 거리낌 없이 토론해볼 수 있어야 하지 않을까?

독도의 역사를 살펴보면 정말 흥미로운 학술적 연구의 대상이 될 수 있는 요소가 많이 있다. 이러한 박진감 넘치는 지적 토론의 소재가 정치적 갈등과 감정적 대응 또는 선동적인 퍼포먼스의 소재로 전락하여 사회 전체가 집단적 울분과 분노 표출에만 매몰되는 것은 안타까운 일이다.

이 장에서는 이러한 안타까움을 해소하기 위한 시도로서 우리가 언론이나 인터넷에서 자주 접하는 독도와 관련된 흔한 이야기와 주장들을 모아 냉정하게 평가해보고자 한다.

✎ 일본에 빌미를 준 반동정권은?

독도 문제가 부각될 때마다 심심치 않게 들리는 주장 가운데 하나는 우리나라 정권의 잘못된 외교정책 또는 천박한 역사인식이 일본의 독도 영유권 주장을 야기하고 있다는 것이다. 보수 언론은 진보 성향 정권을 탓하고, 진보 언론은 보수 성향 정권을 탓한다. 일본의 망발에 과도하게 흥분하여 포퓰리즘적으로 대응했기 때문에, 또는 일본의 눈치를 보며 엄정하게 대응하지 않았고 "기다려달라"라고 했기 때문에 일본이 독도 영유권 주장을 지속한다는 것이다.

그렇다면 객관적인 학술적 연구 성과에 비추어 정말 일본에게 독도 영유권 주장의 빌미를 준 것은 과연 어떤 정권인지 판단해보는 것은 어떨까?

독도 영유권 주장을 고집하는 일본 정치인들과 일본 정부에 대한 준엄한 심판에 앞서, 굳이 우리 내부의 배신자를 먼저 밝혀내야 한다면, 그래서 일본의 독도 영유권 주장에 빌미를 준 책임자를 색출하는 마녀사냥에 동참해야 한다면, 필자는 이명박 정권도 노무현 정권도 아닌 바로 조선왕조를 범인으로 지목하고 싶다. 왜 조선왕조가 마녀인지를 밝히기 위해 우선 차분하게 우리의 독도 역사를 되돌아볼 필요가 있다.

먼저, 워밍업으로 다음과 같은 OX 퀴즈를 풀어보자.

QUIZ

① 조선왕조는 '다케시마'에 조선인들의 출입을 금지시키겠다는 약속을 담은 공식 서한을 일본에 전달한 바 있다.

② '독도'라는 명칭은 지금까지 발견된 20세기 이전의 한국 고지도와 고문서에서 단 한 번도 등장하지 않는다.

③ 일본이 제국주의적 침략 야욕을 분출하기 이전인 18세기 중반에도 독도를 일본 영토라고 명시적으로 기술한 일본 고문서가 출간된 바 있다.

역사 전문가가 아닌 일반 시민들에게 이 문제를 낸다면 아마 대다수의 응답자들이 세 가지 모두 X라고 답할 것이다. 그러나 엄격한 객관적·역사적 사실에 비추어 위의 세 가지 명제는 전부 참이다. 한 발 양보해도 전부 '일종의 참'이다. 이 명제가 모두 (일종의) 참이라는 사실은 역사에 대해 뒤틀린 사고방식을 가진 일본 학자와 정치인의 주장이 아니라 우리의 영토수호 연구에 평생을 바친 한국 학자들과 일부 양심적인 일본 학자들의 글을 읽어보면 알 수 있는 것들이다. 자칫 역사를 지루하다고 생각하기 쉽지만 이 워밍업 문제를 염두에 두면서 독도의 역사를 반추해보면 자못 흥미로운 사실들을 밝혀낼 수 있다.

독도가 처음 한국사에 등장하는 것은 언제인가?

「독도는 우리 땅」이라는 국민가요의 영향 때문에 아마 대부분의 사람들은 신라시대 지증왕 시절 이사부(異斯夫) 장군의 '우산국' 정벌을 기록한 『삼국사기』를 떠올릴 것이다.

그러나 지증왕이 이사부 장군에게 명하여 획득한 우산국은 '울릉도'를 가리킨다.[2] 『삼국사기』에 독도 자체에 대한 언급은 전혀 없다. 다만, 울릉도와 독도가 하나의 해양수산 시스템을 구성하는

2　지증왕은 매우 뛰어난 지도자였다. 『삼국사기』에 의하면 지증왕은 수많은 업적을 남겼는데 그중 가장 대표적인 것이 순장제도의 폐지와 그 이후에 실시한 우산국 정벌이다.

지리적·경제적 종부관계에 있음을 감안할 때, 신라 지증왕 시절 울릉도가 한국 왕조사에 편입되면서 당연히 독도도 함께 편입되었을 것으로 추정하는 것이다. 울릉도(우산국, 무릉도)는 이후 고려가 개창되자 고려왕조에도 토산물을 바치며 내륙 본토와 조공관계를 맺어왔다. 울릉도의 지배자는 신라 하대 또는 후삼국기의 성주와 비슷한 지위였을 것으로 추정된다고 한다.

고려시대의 기록에도 여전히 독도에 대한 명시적 언급이나 암시는 등장하지 않는다. 독도가 처음으로 한국의 공식 역사기록상 명징한 존재감을 드러내는 것은 1432년(세종 14년)에 편찬된 『세종실록』「지리지」의 강원도 울진현을 다룬 부분에서이다. 이 기록을 보면 '우산'과 '무릉'이라는 두 섬이 울진현의 정동 바다 가운데 있다고 하면서 "두 섬이 서로 멀지 않아 날씨가 청명하면 바라볼 수 있다"라는 주석을 달고 있다. 여기서 '무릉'은 울릉도를 가리키며, '우산'은 독도를 가리키는 것으로 해석된다. 이는 15세기 무렵 조선의 중앙정부가 독도를 자국 영토로 인식하고 있었음을 보여준다.[3]

3   일본 측 일부 학자들은 여기에 나온 우산이 독도를 가리킨다고 볼 수 없다는 주장을 하고 있다. 우리나라의 일부 고문헌에 '우산'과 '무릉'이 사실 하나의 동일한 섬이라는 일종의 소수설도 기록되어 있는데 이를 바탕으로 우산이 독도가 아니라고 해석하려는 것이다. 이 소수설을 포함하여 독도와 울릉도의 역사와 표기 변천사에 대한 좀 더 상세한 이해를 위해서는 이 책 말미의 참고문헌 목록에 거론된 연구서들을 참조하기 바란다. 이 장에서는 특히 울릉도와 독도 역사의 최고 권위자인 송병기 교수님의 『고쳐 쓴 울릉도와 독도』(서울: 단국대학교 출판부, 2005)에서 제시된 고문헌 해석에 크게 의존했다.

문제는 그 이후 17세기에 이르기까지 울릉도가 점차 조정의 관심을 받지 못하는 변방지역으로 전락해가면서 우산도 / 무릉도의 존재감이 다소 희미해져 갔다는 점이다. 그 이유는 조선 초 조정이 울릉도의 유인도화를 금지하는 이른바 공도(空島)정책을 펼쳐왔기 때문이다. 15세기 초 조선 태종은 주민들의 울릉도 이주를 용납하지 않았으며 이미 거주하고 있는 자들을 본토로 소환시킬 것을 명했다. 이는 일본 왜구의 침략이 빈발함에 따라 이에 대비하기 위한 방책이었던 것으로 추정된다. 왜구들이 울릉도를 침략하여 식량과 물자 공급을 확보할 수 있는 전진 병참기지로 삼아 조선 본토 연안의 침공에 활용할 가능성을 우려한 것이었다. 1407년에는 일군의 쓰시마(對馬島)민들이 울릉도 이민을 허락해달라고 조선 조정에 요청해온 일이 있었는데 이 사건을 계기로 조선은 일본인들의 접근과 진출을 우려하여 울릉도를 더욱 꼭꼭 닫아두어야 한다는 생각을 갖게 되었다고도 한다.

　또한, 울릉도가 먼 바다에 있어 정부의 관리통제가 힘들기 때문에 군역을 피하려는 자가 은신처로 삼을 수 있다는 점도 고려했던 것으로 보인다. 말하자면, 울릉도가 병역기피의 해방구가 될 것을 우려하여 아예 울릉도를 닫아버린 것이다.

　울릉도 공도정책은 비교적 철저하게 시행되었다. 1472년도의 기록(『성종실록』)을 보면 울릉도는 거의 완전한 무인도로 변모해 있었다. 이렇게 울릉도에 대한 공도정책이 효과적으로 실시됨에 따라 울릉도의 존재와 위치가 대중들의 기억에서 점차 희미해졌던 것으로 보인다. 1438년 당시 조선 조정이 울릉도를 찾고자 했는데 대부분의 사람들은 그 섬이 어디에 있는지 알지 못했다고 하며, 그 와중에 울릉도를 찾아낸 사람이 정부로부터 포상을 받기도 했다. 동해상의 섬에 대한 지리적 인식이 쇠퇴해가자 세종 때에는 동해에 '요도'라는 새로운 섬이 있다는 소문까지 나돌았다. 조선 조정은 그 요도를 찾으려고 약 15년간 노력하지만 끝내 찾아내지 못했다. 역사학자들은 그 요도가 사실은 독도가 아니었을까 추정하고 있다. 1445년 기록을 보면 어느 군인이 "무릉(울릉도)에 갔다가 요도를 보았다"라고 증언하는 부분이 나오기 때문이다. 또한, 1470년대 초부터 동해에 '삼봉도'라는 새로운 섬이 있다는 소문이 돌기 시작하자, 조선 조정은 이 삼봉도를 찾기 위해 10여 년 동안 수차례에 걸쳐 조사단을 파견한다. 여러 관련 기록에 비추어 학자들은 이 삼봉도 역시 독도였던 것으로 추정하고 있다.[4] 결국 조선 초부터 울릉도에 대한 공도정책이 지속적으로 시행되고 주민들의 이주를 엄격히 금하게 되자 울릉도와 우산도는 (공도정책이라는 형태로) 관리되면서도 망각되는 일면 모순적인 한국의 영토가 되어가고 있었던

---

4 1476년에 김자주라는 사람이 삼봉도를 멀리서 보고 짧은 관찰보고서를 작성했는데 섬 사이에 인형같이 생긴 정체불명의 것들이 30개가 서 있는 것을 보고 두려운 마음이 들어 상륙하지 않고 그림만 그렸다고 한다. 그 30개의 인형 유사물체는 아마도 독도에 서식하던 물개였던 것으로 추정되고 있다.

것이다.

그러나 울릉도는 17세기에 이르러 다시 우리 역사에 존재감을 발휘하기 시작한다. 1614년경 일본의 쓰시마 거주민들과 지방관리들은 울릉도(당시 일본은 울릉도를 기죽도, 의죽도 또는 죽도라고 불렀다고 한다)의 영유권을 주장하거나 조선에 대해 쓰시마민의 기죽도 입주 허가를 요청하기도 했다. 이에 대해, 조선의 동래부사는 쓰시마 측에 기죽도가 조선 땅임을 설명하고 이 섬을 왕래하면 해적선으로 간주할 것이라고 경고하는 조치를 취했다. 그러나 일본의 중앙정부(막부)는 당시 일본에 창궐하던 전염병 등 혼란상황으로 인해 쓰시마로부터 이러한 조선 측의 경고를 전해 듣지 못했다고 한다.

한일 울릉도 분쟁

이러한 배경에서 독도 역사상 가장 빛나는 외교의 사례라 할 수 있는 안용복(安龍福) 영웅전이 전개된다. 17세기 후반에 이르러 조선 내륙인들의 울릉도 왕래가 다시 시작되었다. 안용복도 1693년 고기잡이를 위해 울릉도로 떠났는데, 그의 일행은 울릉도에서 이미 어로활동을 벌이고 있던 일본 어부들에게 붙잡혀 일본으로 끌려가게 된다. 알고 보니 일본의 두 가문, 즉 오야(大谷)와 무라카와(村川) 가문이 1618년에 일본 막부로부터 울릉도 조업허가를 받아 울릉도 근해에서 고기잡이를 해왔던 것이다. 참고로, 당시 울릉도는 일본어로 '다케시마(竹島)'라고 불리고 있었다.

일본 막부는 울릉도를 넘보지 말라는 1614년 조선의 경고 조치를 전달받지 못한 상황에서 두 가문에게 도해면허(조업허가)를 내주었고, 이 가문의 어부들은 조선인들의 왕래가 별로 없는 울릉도 어장을 제집 안방처럼 드나들며 어로활동을 해왔다. 그러던 중 17세기 말 안용복을 비롯한 조선의 어부들이 갑자기 울릉도에 나타나기 시작한 것이다. 일본 어부들은 자신들의 어장관리를 방해하는 안용복 일행을 일본으로 납치했다.

그러나 안용복은 일본에 끌려가서 오히려 울릉도와 자산도(독도를 지칭하는 것으로 이해된다. 우산도의 '于'와 한자모양이 비슷한 '子'가 사용되어 자산도라는 이름도 혼용된 것으로 추정된다)가 조선 땅임을 당당하게 주장했고, 결국 일본 측 고위관료로부터 울릉도와 자산도가 조선의 영토임을 인정하는 서계(공식 서한)를 받아낸다. 그러나 안용복 일행이 귀국길에 쓰시마로 호송되어오자 간교한 쓰시마 도주는 그 서계를 탈취했으며, 안용복을 돌려보내면서 조선 동래부에 대해 조선 어민들의 다케시마(울릉도) 출어를 금지해줄 것을 요청하는 서한도 함께 보낸다. 원래부터 울릉도를 넘보던 쓰시마의 간사한 술수가 시작된 것이다.

그런데 이에 대해 조선 조정은 오늘날의 상식에 비추어 다소 이해하기 어려운 대응을 한다. 쓰시마 도주의 다케시마 출어금지 요청에 대한 조선 조정의 대답은 "알겠다. 그렇게 하겠다"였다. 즉, 앞으로 다시는 조선 어민들이 '다케시마'에 가지 못하도록 금지시키겠다고 약속한 것이다. 더욱 기이한 것은 조선이 보낸 이 답변서(회답서계)가 조선인들의 '다케시마' 출어 금지를 약속하는 동시에 '울릉도'가 조선의 영토임을 언급하고 있다는 점이다. 도대체 이 무슨 얼토당토않은 회답서계인가? 조선 조정은 쓰시마가 말한 '다케시마'가 사실 '울릉도'임을 알고 있으면서도, 일본과의 마찰을 우려하여 소극적인 대응, 즉 "울릉도는 조선 땅이다. 그런데 너희들이 다케시마(竹島)라고 부르는 것은 뭔지 잘 모르겠지만 아마 너희 땅인 듯하니 조선 사람이 가지 못하도록 금지시켜주마. 우리 싸우지 말자"라는 식의 대응을 한 것이다.[5] 그러나 이러한 얄팍한 술수로는 쓰시마의 울릉도 탈취 야욕을 꺾을 수 없었다. 쓰시마는 다시 사람을 보내 조선 측의 회답서계에 있는 '울릉도는 조선 땅'이라는 문구를 삭제해달라고 요구한다. 쓰시마의 요구에 대해 정부 내에서는 그 요구를 들어주자는 유약한 주장이 한때 제기되기도 했다. 그러나 다시 강경론이 우세해지면서 원래의 얼토당토않은 회답서계를 철회하고 개정판 서계를 작성하여 "너희들이 말하는 죽도(竹島, 다케시마)는 이제 보니 울릉도다. 울릉도는 우리의 강원도에 속하니, 앞으로 일본인의 울릉도 왕래를 금하노라"라는 취지의 내용 증명을 발송한다. 고집불통 쓰시마가 이에 굴하지 않고 원래의 입장을 고수하자 조선과 일본(쓰시마) 간의 울릉도 분규는 교착상태

5 앞에서 나온 워밍업 OX 퀴즈 1번의 해설이 여기 있다.

에 빠지게 된다.

조선 조정이 초반의 유약한 태도를 접고 강경한 입장을 취함에 따라 쓰시마 측은 1695년 지금까지의 상황을 막부에 보고하고 지침을 요청한다. 쓰시마의 보고를 받은 막부는 결국 이 문제에 대해 잘 알고 있을 것이라 생각되는 지방정부로 이 건을 회부한다. 즉, 동해에 인접해 있는 지역인 돗토리(鳥取) 현으로 질문지를 보내어 다케시마의 소속과 지위에 대해 문의한 것이다. 이에 대한 돗토리 현의 회답은 명료했다. 다케시마(울릉도)와 마쓰시마(松島, 독도)는 일본의 영토가 아니라는 것이었다. 이러한 돗토리 현의 회신에 입각하여 막부는 1696년 1월 쓰시마 도주를 호출하고, 다케시마(울릉도)가 조선 영토라는 입장을 하달한다. 울릉도에는 일본인이 거주한 적이 없고, 과거 1618년 일본 어부들이 울릉도 출어를 희망하여 허가하기는 했으나 지리적으로도 조선과 더 가깝기 때문에 조선의 영토임을 의심할 여지가 없다는 것이었다. 이러한 우여곡절 끝에 나온 것이 일본의 '다케시마 도해 금지령'이다.

한편, 1696년에 안용복은 제2차 일본방문에 나선다. 안용복은 울릉도로 가서 일본의 어민들을 쫓아내고 독도까지 추격하여 이들을 꾸짖으며 퇴거시켰다고 한다. 그길로 일본으로 건너간 안용복은 마치 조선 조정으로부터 파견된 외교사절인 양 관직을 사칭하면서 일본인들과 담판을 벌였다. 이러한 대담한 교섭활동 끝에 그는 일본으로부터 향후 일본인의 울릉도와 자산도(독도) 불법 월경을 금지시키겠다는 약속을 얻어내고 강원도 양양을 통해 귀국한다. 그러나 안용복 일행을 기다리고 있던 것은 따스한 환영인파도, 영토수호에 기여한 공로를 인정하는 훈장도 아니었다. 조선 조정은 허가 없이 외국에 나가 관직을 사칭했다는 이유로 안용복과 그 동료들을 체포, 처벌한다. 그나마 울릉도 분쟁을 해결하는 데 기여한 공로를 감안하여 사형에 처하지 않고 유배조치로 감형했다고 한다.

이렇게 일본과의 울릉도 분쟁은 일본의 '다케시마 도해 금지령'을 통해 나름 훈훈한 마무리를 하게 된다. 조선 조정은 울릉도 분쟁을 계기로 울릉도 관리 문제에 다시 관심을 기울이게 되었고, 결국 2~3년에 한 번씩 울릉도에 관리를 파견하여 순찰하는 제도를 도입한다. 이른바 울릉도 '수토(搜討)' 제도가 시작된 것이다.

17세기 말 이후 한동안 울릉도 주변 정세는 맑은 날 동해 바다처럼 고요했다. 그러나 울릉도 수난사는 이제 막 시작일 뿐이었다. 19세기 중엽부터 일본인들의 울릉도 침범이 재개된 것이다. 조선 조정이 초기 개화정책을 추진해가던 1881년, 울릉도 수토관은 울릉도에서 무단 벌목을 하던 일본인을 적발한다. 조선 조정은 일본인의 울릉도 무단침입에 대해 일본 외무성에 공식 항의를 제기한다.[6] 이에 일본은 울릉도에서 일본인이 모두 철수했다는 회신을 보

---

6   당시 우리는 모르고 있었지만 일본은 이미 1877년 그 유명한 '태정관 지령'을 통해 울릉도와 독도가 일본의 영토가 아님을 공식 확인한 바 있다. 1877년 일본 최고행정기관인 태정관은 울릉도와 독도가 일본 소속인지 문의하는 내무성의 질의에 대해 그 두 섬

냈으나 이는 거짓이었다. 1882년 울릉도를 직접 시찰하고 돌아온 감찰사 이규원(李奎遠)이 일본인들이 울릉도에 여전히 남아 있다는 사실을 왕에게 보고하자 조선 조정은 다시 일본에 항의 서한을 보냈다. 그러나 일본은 묵묵부답으로 일관했다. 당시 조선은 임오군란 등 19세기 말의 복잡한 역사적 소용돌이에 빠져들고 있던 터라 일본과 정상적인 외교적 의사소통이 어려웠을 것이다. 그러나 수신사 박영효(朴泳孝)가 제물포조약 체결 차 일본에 건너가 울릉도 문제를 다시 거론하며 강경하게 항의하자 일본은 어쩔 수 없이 1883년 자국민에 대한 '울릉도 도항 금지령'을 내린다. 한편, 이 시점에 이르러 울릉도를 그대로 내버려두어서는 안 된다는 것을 깨달은 조선왕조는 수토제도를 폐지하고 전담 행정기관(전임도장)을 두면서 내륙인의 이주를 적극 권장하는 등 울릉도 개척에 나서게 된다. 조선 태종 때 시작된 울릉도 공도정책이 비로소 공식 폐지된 것이다.

그러나 일본의 자국민에 대한 '울릉도 도항 금지령'에도 불구하고 1880년대 말부터 다시 일본인들이 울릉도에 출몰하기 시작했다. 1890년대 중반에 이르러서는 200여 명의 일본인이 지속적으로

은 일본의 영토가 아님을 명심하라는 지침을 내렸다. 이때 내무성의 질의서에는 울릉도와 독도가 선명히 그려진 지도 첨부물이 붙어 있다. 참고로, 태정관 지령을 비롯한 한국의 독도 영유권의 이론과 증거는 외교부 홈페이지(dokdo.mofa.go.kr)에 가장 깔끔하게 정리되어 있다.

울릉도에 체류하며 벌목을 하거나 고기를 잡아갔다고 한다. 이는 청일전쟁을 전후로 일본인들의 조선 진출이 급격하게 증가한 것과 일맥상통하는 현상이었던 것으로 설명된다. 이러한 일본인들의 울릉도 진출은 1896년 아관파천을 계기로 조선 조정으로부터 울릉도 벌채권 등의 이권을 넘겨받은 러시아를 자극했다. 자신들이 이권을 가진 울릉도에 일본인들이 드나든다는 사실을 알게 된 러시아는 일본에 강력항의하고, 러시아의 항의를 받은 일본은 울릉도에서 일본인을 철수시키겠다고 약속한다. 그러나 우리 측이 이 분위기와 기회를 활용하여 울릉도뿐만 아니라 한국 본토 내륙에 진출해 있던 일본인들의 철수까지 요청하자 일본은 태도를 바꾸어 일본인의 주거권을 주장하게 되고 이 새로운 울릉도 분쟁은 명확한 해결을 보지 못한 채 어정쩡한 상태로 세월만 하염없이 흐르고 만다.

이 과정에서 한국 정부는 울릉도를 제대로 관리해야겠다는 절박감을 느꼈고, 1900년 10월 울릉도를 정식 행정체제로 편제하는 칙령 제41호를 발표했다. 이 칙령을 보면 울릉도의 관할구역 중 하나로 저 유명한 '석도(石島)'가 등장한다. 이 석도는 일반 울릉도 주민들이 구어체에서 사용하던 '독도(돌도)'를 훈독한 것으로서 당시 우리나라가 독도를 정식 영토로 관리하고 있었음을 보여주는 대표적인 증거라고 할 수 있다.

그 이후 독도의 역사는 우리에게 잘 알려져 있다. 일본은 우리도 모르게 독도를 일본 영토로 불법 편입했으며, 곧이어 한반도 전체

가 일제에 의해 강점되고 만다.[7]

조선왕조는 무슨 잘못을?

이러한 울릉도와 독도의 약사에 비추어 과연 조선왕조가 독도 영유권 문제를 유발하는 데 일조했다는 비판이 가능할까? 물론 독도 영유권 문제의 가장 큰 책임은 역사를 왜곡하고 과거사의 진실을 온전히 인정하지 않으려는 일본에 있겠지만, 우리 스스로를 반성하고 미래를 위한 교훈을 얻는 차원에서 우리 조상들의 책임은 없는지 냉철하게 검토해볼 필요가 있을 것이다.

만일 조선왕조 초기에 울릉도에 대한 공도정책을 펼치는 대신 좀 더 적극적으로 울릉도를 개척하고 왜구의 노략을 막기 위한 공세적 방법을 택했다면 어땠을까? 적어도 지금보다는 더 풍부한 울릉도 개척의 역사적 증거자료를 갖고 있을 것이고, 그에 수반하여 자연스럽게 독도에 대해서도 훨씬 다양한 기록들이 존재할 것으로

---

7 '독도'라는 표현이 우리 측 공식 기록에 처음 등장한 것은 일본의 독도 편입 사실을 1906년에 전해 듣고 놀란 울릉도 군수가 본토에 올려 보낸 보고서에서였다. 즉, 1906년 울릉도 군수 심흥택(沈興澤)은 울릉도를 찾아온 일본인들로부터 일본의 독도 편입에 대해 듣고 이를 강원도 관찰사 및 중앙정부에 보고했으며, 심흥택 군수의 보고를 받은 강원도 측은 의정부에 이를 재보고했다. 이에 대해 의정부는 독도가 일본 영토라는 근거 없는 이야기가 나오게 된 정황을 다시 조사하라는 지침을 하달한다. 그 이후 강원도나 울릉도가 어떠한 조치를 취했는지에 대해서는 현재 전해지는 기록이 없다. OX 퀴즈 2번은 이렇게 설명된다. 물론, 추측컨대 '독도'를 명기한 다른 수많은 문서가 있었겠지만 오늘날 전해지는 것들 중 최초가 그것이라는 말이다.

추정해볼 수 있지 않을까? 마찬가지로, 당시 울릉도나 독도가 자신들의 땅이라는 착각을 하는 일본인들이 나올 가능성은 그만큼 낮아지지 않았을까? 일본에서 만들어진 『죽도도설(竹島圖說)』이라는 책은 독도를 일본 영토로 기록하고 있는데 이 책이 나온 것이 1750년경이다. 약 50년 후인 1801년에 쓰인 『장생죽도기(長生竹島記)』라는 또 다른 일본책은 독도를 일본 서해의 끝이라고 기술하고 있다. 이들 책자가 발간된 시기는 조선이 수토제도를 통해 울릉도와 독도를 관리하던 시기와 일치한다. 공도정책 및 수토제도는 법적인 측면에서 볼 때 엄연히 영토를 다스리는 방법의 하나임에는 틀림없다. 자국민의 거주를 금지한다는 것이 그 영토를 포기한 것이 아니라 거주를 금지하는 방식으로 그 영토를 '관리'한 것이기 때문이다. 그러나 교통과 통신이 발달하지 않은 그 시절 2년 또는 3년에 한 번 수토관이 울릉도에 다녀가는 것만으로는 당시 동해에 인접하여 살고 있던 외국인(일본인)들에게 확고하고 올바른 지리경계 인식을 심어주기 어려웠다고 볼 수 있지 않을까? 무지한 일본 어부들의 입장에서는 해경도 없고 해병대도 없는 처음 보는 무인도에 먹고살기 위해 물고기를 잡으러 그 섬 주변을 다니다보니 자기들 땅으로 착각했을 수도 있다. 『죽도도설』과 『장생죽도기』는 우리의 『세종실록』 「지리지」 등과 달리 정부의 공식 간행물이 아니라 영토주권의 결정과 크게 상관없는 민간 저술에 불과하다. 영토와 경계에 대한 정확한 지리적 인식과 정보가 결여된 민간 저자가 엄밀한 리서치 없이 제한된 지식과 귀동냥을 바탕으로 그릇된 정보를 기록한 것이라고 보아야 타당할 것이다.[8] 만일 안용복의 활약 이후 18세기와 19세기를 거치면서 조선이 수토제도 대신 곧바로 울릉도 개척정책을 채택했다면, 그래서 조선 백성과 관료들이 울릉도에 와글와글 모여 살면서 배도 만들고 고기도 잡고 은근슬쩍 병역기피도 하고 남아도는 토산물을 일본에 수출도 하면서 억세게 살아왔다면, 당시 동해에 접한 오키(隱岐) 섬이나 시마네(島根) 현, 돗토리 현에 살고 있던 일본인들이 울릉도와 그 부속도서인 독도가 자기네 땅이라고 착각하는 추태 아닌 추태는 벌어지지 않았을 것이다. 그리고 그들의 후손들이 내세우는 억지 영토 주장의 근거가 그만큼 더 볼품없어졌을 것이다.

물론 조선왕조의 입장에서 보면 이것은 다소 억울한 비판일 수도 있다. 공도정책에 대해 이러쿵저러쿵 해도 결국 19세기 말에 들어서는 울릉도 개척에 나서기 시작했고, 1900년에는 석도를 울릉도 관할로 명시한 칙령까지 발표했으니 말이다. 그럼에도 19세기 이전에 독도의 영유를 좀 더 명확히 보여주는 자료가 조금만 더 풍성했으면 하는 아쉬움이 남는다.

무엇보다도, 일본의 독도 영유권 주장의 부당성을 전문가가 아닌 일반 국민들에게 좀 더 쉽게 이해시킬 수 있을 것이기 때문이

8 이것은 OX 퀴즈 3번에 대한 설명이다.

다. 예컨대 일본이 1905년 러시아 함대와의 일대 결전을 앞두고 만들어낸 시마네 현 고시는 독도를 일종의 '무주지'로 간주하고 이를 편입하는 형식을 취했다. 만일 우리나라가 안용복 시대 이후 19세기 말에 이르기까지 울릉도 공도정책 대신 울릉도 개척정책을 추진하면서 울릉도 거주민을 이용해 독도를 아끼고 사랑하는 모습을 기록으로 풍부하게 남겨왔다면 일본의 독도 영유권 주장의 몸통이라 할 수 있는 이 시마네 현 고시가 얼마나 부당한지 그다지 열심히 자료조사를 하거나 공부를 하지 않아도 누구나 직감적이고 감각적으로 그리고 즉각적으로 이해할 수 있지 않았을까? 성실하고 똑똑한 양심적인 일본인뿐만 아니라 게으르고 지적으로 뒤떨어지는 일본인들까지 쉽게 알 수 있지 않겠느냐는 것이다.

어찌되었든 우리에게는 독도가 무주지가 아닌 엄연한 우리의 영토로 존재해왔다고 설명할 이론적 근거가 충분하다. 그러나 대표적 근거 중 하나인 1900년 대한제국 칙령을 보자. 한국인들에게는 이 칙령에 언급된 '석도'가 독도(돌도)의 훈독이라는 점이 쉽게 이해된다. 태어나서부터 한국어를 꾸준히 학습해왔기 때문이다. 그러나 한국어를 전혀 모르고 한자에도 익숙하지 않은 평범한 외국인들에게 이것을 이해시키기가 과연 쉬울까? 훈독이 무엇인지, 석도가 왜 직관적으로 독도인지에 대한 설명을 졸지 않고 들을 수 있는 외국 사람이 얼마나 있을까? 우리의 독도 영유권을 뒷받침하는 법적·이론적 근거가 충분함에도 불구하고 여전히 아쉬움이 남는 대목이라 하지 않을 수 없다.

물론 이러한 아쉬움만으로 조선왕조를 비난하는 것은 다소 부당하다고 할 수도 있다. 게다가, 뒤에서 언급하겠지만 일반 외국인들을 상대로 독도를 열심히 설명하고 홍보하는 일이 그렇게 엄청난 중요성을 가진다고 생각하지도 않는다. 조선왕조가 나라를 통째로 빼앗겼으니 독도 문제에 대해서도 변명하지 말고 그냥 덤터기 쓰고 책임지라고 주장하는 것도 옳지 않을 것이다. 조선이 설사 적극적인 울릉도 개척정책을 펼쳐왔다 하더라도 일본 제국주의자들은 무슨 수를 써서든 독도가 자기 땅이라는 억지 궤변을 내세웠을 것이다.

다만, 다시 원래의 문제제기로 돌아가서 우리 언론의 논조나 인터넷 게시판에서 종종 발견되듯이 현재 대한민국의 보수정권 또는 진보정권 어느 한쪽에 독도 문제에 대한 근원적 책임을 뒤집어씌우는 것은 근거 없는 정파적인 비난에 불과하며 독도 문제에 대한 정확한 역사적 인식과도 거리가 멀다는 점을 지적하고 싶을 뿐이다.

일본은 1905년 시마네 현 고시를 통해 독도에 대한 영유권 주장을 공식적으로 들고 나오기 시작했으며, 제2차 세계대전 종전을 위한 샌프란시스코 협상장의 복잡한 외교전 와중에서도 독도 문제에 대한 입장을 굽히지 않았다. 이후, 1952년 이승만 정부가 우리의 어업권과 독도 영유권을 지키기 위해 이른바 '이승만 라인'을 선언하자 일본은 본격적인 독도 분쟁화에 나서기 시작하면서 국제사법재판소에 이 문제를 회부하자는 주장을 제기하기에 이르렀다. 그리고 일본은 우리가 강경한 태도를 취하든 여유 있는 태도를 취하든, 또는 시끄럽든 조용하든 상관없이 독도 영유권 주장을 지속해오고 있다. 일본과의 관계를 중시해서 독도 문제가 불거지지 않도록 조심하든, 영토는 상위개념이라며 최고 정치지도자 수준에서 강경 발언과 행동으로 대응을 하든, 일본의 태도에는 그다지 변함이 없었다. 그들은 이미 적어도 한 세기 전부터 꽤 오랫동안 왜곡된 독도 영유권론을 만들어내고 유지해왔다. 그것을 우리 정권의 태도에 따라 쉽게 접을 사람들이 아니다. 조선시대까지 거슬러 올라가는 독도 문제의 역사적 뿌리, 그리고 좀 더 최근 시기의 근현대사적 맥락을 생각해볼 때, 21세기 이후에 집권한 진보정권 또는 보수정권이 일본의 독도 영유권 주장에 빌미를 주고 있다는 주장은 악의적 선동에 불과하다. 일본이 냉철한 역사적 반성과 객관적 사료분석에 입각하여 입장을 전환하는 (그간 경험에 비추어 당분간 기대하기 어려운) 극적인 상황이 도래하지 않는 한, 일본은 아마도 내부적인 정치적 상황과 필요에 따라 독도에 대한 영유권 주장을 지속해나갈 가능성이 높다.

그렇다면 독도 문제는 다소 '장기적'으로 보고 '총체적'으로 대응해갈 필요가 있을 것이다. 물론 이러한 표현은 부질없고 공허한 것일 수 있다. 그러나 어쨌든 장기적이고 총체적으로 대응하는 것이 원칙적으로 요구된다면, 그러한 원칙적 대응에 가장 방해되는 것은 바로 악의적이고 편협한 정파적 태도가 아닐까? 진보든 보수든 역사적 사실을 외면한 채 반대세력에 대한 정쟁수단으로 독도 문제를 활용하는 분위기가 존재하는 한, 장기적이고 총체적 대응 따위는 허망하고 내용 없는 수사로 남을 것이기 때문이다. 아울러, 이러한 정파적 태도의 근저에는 결국 독도 문제와 같이 핵심적 국익이 걸린 사안에 대한 비이성적이고 감성적인 태도, 객관적 사실과 역사를 바탕으로 한 냉철한 토론보다는 감정적 애국주의 선동을 우선시하는 접근법이 자리 잡고 있다는 점 또한 지적하지 않을 수 없을 것이다.

✎ 실효적 지배 강화는 왜 언어유희인가?

실효적 지배 강화는 독도에 대한 언론보도에서 가장 자주 나오는 말 가운데 하나이다. 일본의 독도 영유권에 대한 우리의 올바른 대응은 바로 실효적 지배 강화에 있다는 것이다. 정치인들은 틈만 나면 실효적 지배 강화를 요구하고, 장관이나 대통령도 툭하면 실효적 지배 강화를 추진하겠다고 한다.

도대체 실효적 지배란?

일단 실효적 지배라는 말에 대해서부터 살펴보자. 이는 아마도 국제법 교과서에서 말하는 선점(occupation) 개념과 관련된 것이 아닐까 추측된다. 영토의 시원적 취득을 가능케 하는 권원(title) 발생의 근거로서 전통 국제법은 정복이나 선점 따위를 들고 있다. 정복을 권원 발생의 한 근거로 들고 있는 데서 보듯 이는 유럽 제국주의 시절의 편견이 담긴 낡은 국제법 이론이기는 하지만, 어쨌든 선점이란 주인 없는 땅을 일단 먼저 차지하고 실질적으로, 그리고 평화적으로 지배하다보면 시간이 흘러 영토주권이 절로 생겨난다는 이론이다.

위성사진으로 전 세계를 샅샅이 다 뒤진 지 오래된 오늘날 이런 주인 없는 땅은 이제 남아 있지 않지만, 과거 먼 바다를 돌아다니다가 그 어떤 나라의 주권에도 속하지 않는 아주 작은 무인도를 발견하면, 발견국이 어떤 영토주권적 행위를 시현했는가에 따라 영토주권 여부가 결정되곤 했다. 그 무인도에 대해 여러 나라의 영유권 주장이 경합하는 경우, 어느 나라의 주권이 상대적으로 더욱 강력하게 시현되었느냐를 따지기도 했다. 먼 바다에 있으니 그에 상응하는 다소 낮은 수준의 적절한 영토주권 시현만 있어도 주권이 형성된다면서 그 최소한의 수준에 해당하는 행위가 무엇이냐를 따져야 하는 경우도 있었다. 분쟁 없이 평화적으로 영토가 관리되었다는 사실을 어떻게 입증하느냐의 문제도 있었다. 이러한 법적 논쟁이 전제가 되는 상황에서는 새롭게 발견한 머나먼 바다 위의 작은 섬을 정성껏 관리해서 나중에 다른 나라가 넘보지 못하도록 실효적 지배를 강화해야겠다는 생각을 할 수도 있을 것이다.

예컨대, 영국 해군이 남태평양에서 주인 없는 무인도를 발견하고 그곳에 영국 깃발을 꽂은 후 돌아왔다고 가정해보자. 영국 정치인들은 "깃발만 덜렁 꽂아놓으면 뭐하나? 지나가던 스페인 함대가 발견하고 거기에 더 큰 깃발을 꽂으면 어쩔 셈인가? 빨리 다시 가서 실효적 지배를 강화하라"라고 호통칠 것이다. 그에 따라 영국 해군이 다시 찾아가서 선착장도 만들고 임시 숙소도 만들고 영국식 애프터눈 티를 할 수 있는 아늑한 휴식공간도 만들었다. 만일 영국 해군함대가 일 년에 두 번씩 가서 관리를 했는데, 알고 보니 스페인 민간 관광선이 그보다 더 자주 들러서 관광객들을 그 섬에 내려놓고는 선탠도 시키고 해수욕도 시키고 있었다면 어떻게 될까? 이 경우, 주권의 시현은 민간 활동이 아닌 정부의 공적 행위에 의해서만 이루어진다고 보아 그곳을 실효 지배한 것은 스페인이 아니라 영국이라는 해석이 가능하다. 말하자면, 실효적 지배라는 개념은 주인 없는 땅에 대한 주권 시현의 상대성 또는 경쟁관계를 배경으로 작동하는 개념이라고 봐야 하는 것이다.

그렇다면 독도는 그런 이론과 개념을 적용할 수 있는 곳일까? 일단, 한국 정부의 입장은 독도가 이론의 여지없이 오랜 역사를 통해 엄연한 우리 영토로 존재해왔다는 것이다. 독도는 우리가 실효적 지배를 통해 신규 영토주권을 생성시켜야 하는 신흥개발 무주지도 아니고, 일본에 비해 우리가 더 나은 영유권을 갖고 있음을 보여야 하는(즉, 상대적 영토주권을 따져야 하는) 분쟁지역도 아니다.[9] 따라서 실효적 지배를 언급하는 것은 별 의미가 없다. 굳이 실효적 지배라는 표현을 사용해야 할 의의를 찾는다면, 과거 이사부 장군이 지증왕의 명령에 따라 울릉도(우산국)를 점령하면서 추정컨대 독도에 대한 점령과 지배도 함께 시작됨에 따라[10] 우리나라의 독도에 대한 실효적 지배가 시작되었고 오랜 세월을 거치면서 이 실효적 지배는 독도에 대한 영토주권으로 결정화되었다고 설명하는 데 있을 것이다.

반면, 언론과 정치권에서 흔히 거론되는 실효적 지배라는 말은 어떤 맥락일까? 아마도 엄밀한 법적 개념으로서의 실효적 지배를 가리키는 것은 아니며, 우리나라가 실질적으로 독도를 영유하고 있다는 객관적 사실을 지칭하는 편의적 표현으로서 실효적 지배라는 말을 쓰고 있는 것으로 생각된다. 즉, 제주도를 한국이 실효적 지배하고 백령도를 실효적 지배하듯이 독도를 실효적 지배하고 있다고 보는 것이다. 모든 사람들이 법적 관점에서 독도를 논의해야 할 의무가 있는 것은 아니므로 이러한 표현 자체가 반드시 잘못된 것이라고 할 수는 없을 것이다.

이러한 차원의 실효적 지배라는 표현이 불가능하지 않다는 점을

---

9 독도는 분쟁지역이 아니라는 것이 우리 측의 확고 불변한 입장이나, 일본은 이를 분쟁지역이라고 주장한다.

10 앞서 언급했듯이 『삼국사기』에는 독도 자체에 대한 언급이 없다.

일단 받아들일 때 과연 실효적 지배를 강화한다는 것은 어떤 의미가 있을까? 여기서 우리는 실효적 지배 강화가 갖는 법적 효과와 정치적 효과를 구분하여 생각해볼 필요가 있다.

실효적 지배를 강화한다 함은?

먼저, 법적인 차원에서 실효적 지배를 강화하자는 주장은 이를 통해 법적인 개념으로서의 '영유권'을 더욱 공고화할 수 있다는 판단이 깔린 것으로 보인다. 독도에 경찰 몇 명만 건너가서 지키는 것은 실효적 지배의 수준이 약해서 한국의 영유권이 법적으로 의심받을 수도 있으니 대공포와 지대공 미사일 발사대도 설치하고 선착장도 짓고 민간인도 살게 하고 첨단 해양관측 시설도 설치하고 헬기장도 짓고 자원개발도 하고 콘서트도 열고 공시지가도 발표하는 등 여러 가지 시끄럽고 복잡한 일을 많이 해서 법적인 영유권을 강화시키자는 것이다.

그러나 이러한 판단, 즉 '실효적 지배 강화'가 법적 영유권의 강화로 이어진다는 판단은 두 가지 점에서 오류이다.

첫째, 법적 관점에서 특정 도서의 영유권을 둘러싼 갈등과 분쟁이 있는 경우, 이미 그 갈등과 분쟁이 공식화 또는 표면화된 이후 행하는 모든 주권 시현 행위는 법적으로 아무 의미가 없다. A국과 B국이 이미 한 섬의 영유권을 두고 다투고 있는 것이 명확하다면 객관적인 제3자의 입장에서는 — 그 객관적인 제3자가 바보가 아닌 이상 — A국이 추가로 선착장을 짓고 헬기장을 만들고 자원개발에 나선다고 해서, 또는 B국이 계속 함정을 보내 주변을 순찰하고 주변 해역에서 해양과학조사나 자원개발을 한다고 해서 그러한 행위를 근거로 영유권을 판단하지는 않을 것이다. 이를 국제법 교과서에서는 이른바 '결정적 시기(critical date) 이론'이라고 한다. 분쟁의 존재가 객관적으로 명확하게 특정되는 시점(결정적 시기) 이후의 주권 시현 행위는 분쟁을 염두에 둔 자기 목적적 행위에 불과하므로 영유권 판단요소로 산입되지 않는다는 이론이다.

산타 할아버지가 누가 착한 아이인지 판단하는 기준일자 이후에 뒤늦게 산타 할아버지를 의식해서 착한 일 열심히 해봤자 선물 한 조각 없는 것과 비슷하다. 반대로, 이미 그동안 여유 있게 충분히 착한 일을 많이 한 어린이는 산타 할아버지가 정한 기준일자 이후에는 굳이 착한 일을 추가로 벌이지 않아도 가만히 앉아만 있으면 선물을 받게 되어 있다.

독도의 경우 우리나라의 일관된 입장은 독도에 대한 우리의 영토주권이 너무나 자명하여 분쟁이 존재하지 않는다는 것이다. 그러나 객관적인 제3자의 입장에서는 앞서 거론된 이승만 라인 선언 이후 일본이 독도 영유권에 대한 공식 항의서한을 보내고 그 과정에서 논쟁을 주고받았던 시절에[11] 이미 분쟁이 시작되었다는 평가

11 당시 한국 정부와 일본 정부는 각자의 독도 영유권 주장을 담은 외교공한을 팩스로 주

를 내릴 가능성도 있다. 일본의 영유권 주장이 아무리 어처구니없는 억지라 하더라도 그것은 제3자의 입장에서 '우리의 명확하고 합리적인 주장'과 '일본의 억지 주장' 간에 의견대립이 존재하는 '분쟁'일 수 있는 것이다. 지금 독도에서 아무리 추가적인 시설공사를 하고 쇼를 벌이더라도 '법적인' 영토주권 판단에는 아무런 영향을 미치지 않는다. 제3자, 예컨대 국제재판소가 독도에 대한 영유권 분쟁이 존재한다는 전제하에 이를 법적으로 판단하겠다고 나선다면, 그 제3자의 관점에서 분쟁이 드러나기 시작한 특정 시점 이후에 한국 정부가 독도의 '실효적 지배 강화'를 위해 취해온 노력은 법적으로 무의미하다.

그렇다면 아직 분쟁은 존재하지 않으므로 나중에 분쟁이 본격적으로 존재할 때를 대비해서, 즉 결정적 시기(critical date)가 장래에 있다고 전제하고 지금 실효적 지배를 강화하는 것은 법적으로 의미가 있다는 주장을 한다면 어떨까? 이 주장은 그 자체로 보면 그다지 틀린 말이 아닐 수도 있다. 향후 분쟁 발생을 대비하여 우리의 주권을 객관적으로 인정받기 위한 조치를 열심히 취해놓으면 손해 볼 것 없다고 생각할 수도 있기 때문이다.

고발으며 20세기 최초이자 마지막으로 구체적인 영유권 논리 전쟁을 벌였다.

우리나라는 이미 착한 어린이

이 맥락에서 우리는 두 번째 오류로 넘어갈 수 있다. 독도에 대해서 우리나라는 이미 차고 넘칠 정도로 '실효적 지배'라고 부를 만한 것들을 하고 있다. 한반도 본토에서 가장 최동단에 있는 작은 섬 독도에 경비대가 상시 주둔하고 이런 저런 시설도 짓고 민간인까지 주소지를 두고 살고 있으며 독도를 지키기 위한 온갖 범정부적 대책과 조치가 이루어지고 있으니 이 정도면 실효적 지배라는 표현에 전혀 부족함이 없다. 게다가 대한민국은 건국 초창기부터 독도가 우리 영토임을 너무나 명확하게 선언하고 흔들림 없이 실질적으로 지켜왔기 때문에 더 이상 추가적인 실효적 지배 조치가 필요 없다고 해도 과언이 아니다. 말하자면, 우리나라는 이미 산타클로스로부터 선물 받을 자격을 확고하게 인정받은 여유 넘치는 착한 어린이다.

여기서 영유권을 인정받는 충분한 실효적 지배의 커트라인이 무엇이냐고 묻는다면 한마디로 똑 떨어지는 정답은 없다. 지리적 특성, 본토와의 거리, 타국과의 상대적 권원 등을 종합적으로 고려해야 할 것이기 때문이다. 그러나 우리나라가 독도에 대해 시현해온 법적·물리적 조치들은 독도에 대한 충분한 영토주권의 시현으로 볼 수 있다는 점에 대해서는 위에서 언급한 바와 같이 이론의 여지가 없다. 더구나, 일본이 현재 독도에 대해 아무런 실효적 지배를 행사하지 못하고 있음도 자명하다. 따라서 '결정적 시기'가 미래에 있다고 하더라도 우리의 실효적 지배를 더욱 강화해야 할 필요가 없는 것이다. 우리는 하던 대로 독도를 잘 지키고 있으면 된다.

요약하자면, 현 시점에서 독도에 대한 실효적 지배를 아무리 강화해봤자 일본과의 분쟁을 의식한 자기 목적적 행위라는 점이 부각되어 법적인 효력을 인정받지 못하며, 이미 그동안 차고 넘칠 정도로 실효적 지배라 할 수 있는 행위를 해왔으니 법적으로 더 이상 실효적 지배를 추가 또는 강화할 필요도 없다는 것이다.

영토주권의 달콤한 정치적 유혹

법적인 차원에서 실효적 지배 강화가 무의미하다면, 두 번째 측면인 정치적 차원으로 넘어가 보자. 독도에 대한 '실효적 지배를 강화'해야 한다는 주장에는 아마도 세 가지 정도의 정치적 맥락이 있지 않을까 생각된다.

첫째, 일본의 괘씸한 도발에 대응하여 무언가 일본을 자극할 수 있는 속 시원한 조치, 일본이 싫어할 만한 조치로서 우리의 독도 영유권을 과시하는 행동을 하자는 것이다.

둘째, 우리가 독도에 대한 실효적 지배를 강화하면 일본의 독도 침탈 야욕을 심리적으로 꺾을 수 있다는 계산이 깔려 있을 수도 있다. 즉, 약한 모습을 보이면 일본이 우리를 얕잡아 보고 더 세게 나올 것이므로 강경한 모습을 계속 보여주어야 한다는 것이다.

셋째, 실효적 지배를 강화함으로써 일본의 독도 침탈 야욕에 대해 우려하는 국민들을 심리적으로 안심시키게 된다고 볼 수도 있다.

독도에 대한 실효적 지배 강화가 '법적' 차원에서는 무의미하다는 점은 객관적으로 입증할 수 있으나, '정치적' 차원의 효과에 대해서는 섣불리 논평하기 어려운 것이 사실이다. 객관적인 판단이 어느 정도 가능한 법적 효과의 문제와 달리, 이는 주관적인 가치관과 신념에 따라 평가가 크게 달라질 수 있는 문제이기 때문이다. 어찌되었든 정치적 효과가 기대되는 어떤 조치를 거부할 수 있는 정부와 정치인은 드물다. 특히, 국민과 언론을 상대로 "저는 지금 영토주권을 지키기 위해 떨쳐나섰습니다"라고 선전할 수 있는 행위의 유혹을 벗어나는 것은 거의 불가능하다. 조금이라도 효과가 있다면 그것이 단기적 효과에 불과하더라도 누군가는 그 행위(실효적 지배의 강화행위)를 하겠다고 나설 것이다. 그렇기 때문에 우리는 더더욱 그 정치적 효과에 대해 한 번쯤 냉정하게 생각해보아야 할 것이다.

스토킹이 사랑이 아니듯

우선 첫 번째 동기의 경우(일본을 열 받게 하고 독도 영유 과시하기), 일본을 열 받게 하기 위한 조치를 취함으로써 얻는 감정적 이익과 그러한 실효적 지배 조치 강화가 야기할 환경파괴 및 예산지출, 불필요한 국제분쟁화 효과 등을 비교분석하여 냉철하게 판단해야 할 것이다. 단기적인 감정적 분출을 위해 독도의 생태계와 해양환경을 손상시킨다면, 그리고 많은 국민들의 삶을 더 낫게 만드는 데 유용하게 쓰일 수도 있는 세금을 독도 토목공사에 낭비한다면 과연 현명한 선택일까? 멀쩡한 독도를 굳이 분쟁지역으로 부각시켜 일본의 의도에 스스로 말려들어 갈 부작용은 없는지 생각해볼 필요도 있을 것이다.

두 번째 동기(일본의 독도 침탈 야욕 꺾기)와 관련, 우리의 독도 실효적 지배 강화 조치가 일본을 굴복시킬 것이라고 기대되지 않는다. 일본은 이미 우리 국민과 정부의 독도 수호 의지가 얼마나 강한지 충분히 알고 있다. 예를 들어, 일본은 우리가 독도 선착장 확대 공사를 하지 않는다는 이유로 "한국이 선착장 공사에 나서지 않는 것으로 보아 한국인들의 다케시마 수호 의지가 약해졌구나"라고 생각할 바보는 아니다. 반대로, 우리가 독도 선착장을 확충하고 독도 앞바다에서, 예컨대 로버트 태권브이 부활 프로젝트 등에 버금가는 여러 가지 화끈한 정책을 추진하며 '실효적 지배'를 강화하는 모습을 보고 "우리가 잘못 생각한 것 같으니 이제 다케시마 영유권을 포기해야 되겠구나"라고 생각할 것 같지도 않다. 일본이 그렇게 반응할 것이라고 판단할 근거가 별로 없는 것이다.

세 번째로, 이성과 논리를 떠나 그저 국민들을 안심시키기 위해서 독도에 대한 실효적 지배를 강화해야 한다고 믿을 수도 있다. 정부와 정치권의 입장에서는 이러한 점을 감안하지 않을 수 없을 것이다. 그러나 독도에 대해 이미 차고 넘칠 정도의 영유권 행사가 이루어지고 있는 상황을 감안하면 오히려 국민들에게 실효적 지배가 이미 잘 이루어지고 있음을 알리는 것이 옳은 길이 아닐까 생각한다. 우리는 이미 충분하리만큼 독도를 지배하고 수호하고 아껴오고 있다. 특히, 실효적 지배 강화론은 대부분의 경우 토목공사 확대로 연결되는 경향이 있는데, 독도를 지키는 것은 좋지만 실효적 지배 강화를 명목으로 아름다운 자연환경을 시멘트와 철근으로 도배한다면 이는 매우 곤란한 일이 아닐 수 없다. 독도의 특수한 자연생태계를 유지하지는 못할망정 우리 스스로 독도의 환경을 파괴하면서 집요하게 독도를 괴롭히는 것은 바람직하지 못하다. 스토킹이 사랑이 아니듯, 이러한 실효적 지배 강화는 애국이 아니다.

✏ 독도에 대한 홍보는 왜 무의미한가?

일본의 독도 영유권 주장에 상처받고 분노한 한국인이라면 한 번쯤 독도에 대한 적극적이고 전략적인 홍보를 통해 일본인들의 잘못된 생각을 바꾸고 국제사회의 여론을 우리에게 유리한 방향으로 이끌 필요가 있다는 생각을 해보았을 것이다. 그리고 그런 홍보를 하지 못하고 있는 한국 정부의 행태에 실망감을 느꼈을지도 모른다. 게다가 정부가 일본의 '눈치'를 보며 적극적이고 소란스러운 홍보가 아닌 '조용한 외교'를 하고 있다는 언론보도를 보면 어이가 없고 분노가 치밀 수밖에 없을 것이다. 도대체 삼성과 LG 광고가 지배하고 있는 뉴욕 타임스퀘어에 일본의 독도 침탈 야욕을 규탄하는 대한민국 정부의 전광판이 없는 이유는 무엇인가? 한국 정부는 왜 전 세계 주요 일간지에 일본인들의 잘못된 독도 인식을 교정해주는 전면광고를 게재하지 않는가? 전 세계 최고 수준의 여객수송 및 물류 허브로 자리 잡은 인천 국제공항에서 왜 독도 영유권을 소개하는 영어 팸플릿이나 포스터를 찾을 수 없는가? 정치인과 학자들이 국제사회에 독도가 한국 땅이라는 점을 적극 홍보하라고 요구하고 있는 마당에 한국 정부가 독도 영유권 홍보에 소극적인 이유는 무엇인가?

우선, 관료들이 뼛속까지 친일파이거나 일본과의 충돌을 두려워하는 소심꾸러기들이기 때문일 수도 있다. 2012년 여름에 불거진 한일 정보보호협정 사태로 네티즌들 사이에서는 그런 의구심이 더욱 커졌을지도 모르겠다. 혹은 공무원들이 원래 애국심을 결여한 무능하고 게으른 인간들이기 때문일 수도 있다.

또 하나의 가능한 설명도 있는데, 그것은 적극적인 독도 영유권 홍보가 독도를 지키는 데에서 그다지 뛰어난 방법이 아니라는 점때문일 수도 있다.

홍보의 의미

우선 국제사회에서 어느 국가가 특정 국가적 이슈에 대해 홍보한다는 것이 어떤 의미를 갖는지 먼저 신중하게 생각해보자.[12]

기업의 경우 마케팅의 일환으로 소비자의 소비욕구를 자극하고 기업과 제품의 인지도나 신뢰도를 높이기 위해 광고 홍보에 주력한다. 배우와 아이돌 가수들은 대중적 이미지를 제고하여 성형이나 연기력 또는 가창력 논란을 덮고 몸값을 높이기 위해 홍보에 나서며, 정치인들도 본모습을 최대한 감추고 유권자들의 표를 얻기 위해 홍보에 막대한 돈과 정성을 들인다. 기업과 대중예술인들이 채택하는 홍보의 방식은 각기 달라도 기본 목적은 모두 수익창출이라는 공통점이 있다. 경우에 따라서는 정치인도 마찬가지일지도 모르겠다. 그렇다면 국가가 막대한 세금을 사용하면서 국가적 이슈에 대한 홍보에 나서는 목적은 무엇일까?

일단 국가도 돈을 벌기 위해 홍보를 한다. 관광객이나 투자자를 끌어 모으기 위해 국제적인 위성방송 채널에 30초짜리 광고를 내

---

12 이하에서 다시 거론되겠지만 독자들의 오해를 막기 위해 홍보와 홍보를 넘어서는 것의 구분, 다시 말해 홍보의 개념 내지 범위에 대해 먼저 이야기해둘 필요가 있을 것이다. 여기서 말하는 홍보는 언론 광고나 홍보성 기사, 팸플릿, 자료집, 전광판, 포스터, 홍보 동영상과 홍보용 책자, 홈페이지와 SNS 등 기업의 제품 광고를 연상케 하는 즉자적이고 감성적인 측면을 강조한 정보전달 방식을 지칭한다. 학자의 논문이나 심층 조사보고서와 같은 일정 수준의 전문성과 깊이와 분량을 갖춘 자료를 전달하거나 배포, 설명, 토론하는 행위는 일단 '홍보'의 범주를 넘는 것으로 본다.

기도 하고 유수의 시사주간지에 광고를 싣거나 기획기사의 게재를 유도하기도 한다. 국가적 자부심을 높여 심리적 또는 정치적 이익을 얻기 위해 홍보를 하기도 한다. 나라와 국민의 대외적 이미지를 개선할 수 있는 지명도 높은 국제대회나 국제회의를 개최하고 이에 대한 국제사회의 관심과 여론을 환기시키기 위해 노력하는 경우가 그것이다. 때때로 야당의 입장에서는 정부여당이 추진하는 모든 국제행사가 정권 이미지 세탁을 위한 홍보수단으로 보일 수도 있을 것이다.

독도 홍보의 의미

그렇다면 독도를 홍보한다는 것은 어떤 목적에 봉사하는 것일까? 일단 돈을 벌기 위해서가 아니라는 점은 자명하다. 독도에 외국 관광객을 끌어들이거나 외국투자를 유치하기 위해 광고를 해야 한다고 믿는 사람은 없을 것이다. 독도를 명동, 인사동 또는 제주도나 경주처럼 본격적인 관광지로 개발해야 한다고 진지하게 믿는 사람도 거의 없을 것이다. 독도는 영토보존의 숭고함을 일깨워주는 생태학적 순례지는 될 수 있을지언정 이를 일반적인 의미의 관광개발 대상으로 보기는 어렵다.

국가의 이미지 또는 요즘 유행하는 단어인 '국격'을 드높이거나 국위선양을 위해 홍보하는 것도 독도와는 별로 상관이 없을 것이다. 독도는 우리 대표팀이 국제대회에서 타온 경품도 아니고 우리의 선진적 기술을 보여주는 첨단 과학기술 제품도 아니다.

결국 독도를 홍보한다는 구상은 영유권 문제의 해결이라는 목적과 직결되는 것이다. 즉, 독도가 우리 땅이라는 사실을 '외부(일본을 포함한 외국인과 외국정부)'에 널리 '알림'으로써 외부의 '인식'을 '교정'하고 이를 통해 우리에게 우호적인 여론을 조성하면서 궁극적으로 독도 영유권 문제를 '해결'하는 데 도움이 될 것이라는 판단이 전제가 되어야 하는 것이다.

달리 말해, 독도에 대해 전혀 모르고 있거나 일본 땅으로 잘못 알고 있던 외국인이 우리의 적극적이고 전략적인 독도 홍보를 통해 독도의 진실에 눈을 뜸으로써 우리의 독도 영유권 주장을 지지하고 일본의 독도 영유권 주장을 배척하게 되는 효과를 노리는 것이다.

그러한 홍보 효과가 실체적인 것이라면 우리는 한시바삐 독도 홍보에 박차를 가해야 할 것이다. 선거나 마케팅을 해본 사람들이라면 누구나 알고 있듯이 홍보의 효과는 쏟아 붓는 자금에 비례하기 마련이다. 따라서 독도 홍보자금의 마련을 위해 근로소득세율과 법인세율도 높이고 평화의 댐 짓듯이 국민성금도 모금하고 공무원 월급에서 매달 일정 비율을 떼어 특별 홍보기금도 마련해야 한다.

그러나 좀 더 세밀하게 들여다보면 독도 홍보의 효과가 언뜻 생각하는 만큼 대단하지 않을 수도 있다.

우선, 경험적 차원에서 볼 때 국가가 영토 문제에 대해 전면적인 홍보에 나선 사례도 별로 없었고, 그러한 홍보를 통해 영토 문제가 해결된 사례도 없는 것으로 알고 있다.[13] 국가 간 영토 문제라는 것은 원래 장기간 해결되지 않거나, 전쟁 또는 국제재판 또는 협상을 통해 해결되거나 소멸되기 마련이다. 이렇게 전쟁, 재판, 협상 등을 통해 해결 또는 소멸된 영토 문제 사례에서 국가의 홍보가 큰 역할을 했다는 사례연구는 나온 적이 없으며, 이러한 맥락에서 홍보의 효능을 입증하는 실증적 연구도 없는 것으로 보인다.

국가 간의 영토 문제에서 홍보 사례가 거의 존재하지 않거나 (설혹 어떤 형태로든 존재했다고 하더라도) 눈에 띄는 두드러진 존재감을 갖지 못한 이유는 무엇일까?

저마다 내용과 특성이 다른 분쟁사례들을 일괄적으로 평가하기는 어렵겠지만, 가장 단순하고 중요한 이유는 '홍보'가 영토 문제 해결에 별다른 효과가 없다는 것이다. 이론적으로 한 발 더 나아가

---

13 그나마 가장 근접한 최근 사례로 포클랜드 섬을 장악하려다가 점유국 영국과의 전쟁에서 대패를 당한 아픈 기억이 있는 아르헨티나가 포클랜드 영토 회복을 홍보의 대상으로 삼은 경우를 들 수 있다. 아르헨티나는 포클랜드를 소재로 2012 런던올림픽 참가 홍보 동영상을 제작했으며, 2013년 1월 ≪가디언≫ 등 영국 일간지 광고 면에 대통령 편지를 내고 영국이 식민주의 야욕으로 빼앗은 포클랜드에 대해 영유권 반환협상을 촉구했다. 이 광고에 대해 영국 외무성은 즉각 반박성명을 발표했다. 주요 언론들은 아르헨티나 대통령이 국내정치적 목적을 위해 이러한 홍보전에 나서고 있는 것으로 평가하고 있다. "英·아르헨티나 '포클랜드 분쟁' 재점화", ≪조선일보≫, 2013년 1월 5일, 14면.

자면, 홍보의 대상이 되는 '외국인'들이 영토 문제 해결에 아무런 역할이나 영향력이 없기 때문에 홍보행위가 효과를 갖지 못한다고 볼 수도 있다.

영토 문제와 제3국: 소귀에 랩하기?

A국과 B국 간의 영토분쟁에서 적어도 지금까지 거의 모든 역사적 사례에 비추어 A국 국민들은 A국 정부의 주장을 집단적으로 지지하고, B국 국민들은 B국 정부의 주장을 집단적으로 지지하는 양상을 보여 왔다. 근대 민족국가 형성의 역사적 다이내믹과 모종의 관계를 맺고 있을 것으로 추정되는 이러한 집단적 신념 형성의 양태는 국가를 최소단위 주체로 삼고 있는 현실주의 국제정치 이론에 의해 설명될 수 있을 것이다. 벌거벗은 국익추구의 냉혹한 셈법이 지배하는 국제사회에서 국가는 영토 문제와 같은 본질적이고 가시적인 이익이 걸린 이슈에서 자국민을 국가입장에 동조하는 집단적 이데올로기의 주체로 호명, 재구성하는 기제를 갖추지 못하는 한 국가로 살아남기 어려울 것이다. 정상적인 국가라면 영토 문제 등 국가형성 및 유지와 관련된 핵심 이슈에서 그러한 집단적 신념형성의 기제를 어떤 식으로든 갖추고 있게 마련인 것이다. 이에 따라 거의 모든 영토 문제에서 국가는 하나의 균일한 입장체를 구성하게 된다. 다소 추상적인 설명이긴 하지만 쉽게 말하자면, 냉철한 국제사회에서 A국과 B국 간 영토 문제와 관련한 A국의 입장은

B국 국민을 설득할 수 없고, B국의 입장은 A국 국민을 설득할 수 없는 것이 일반적이다.

그렇다면 홍보라는 행위의 실질적 대상은 A국과 B국 간 영토 문제의 직접 당사자인 A국 국민과 B국 국민이 아닌 제3국 정부와 국민이라고 보아야 할 것이다. 여기서 문제는 근대 국제사회에서 제3국이 두 국가 간의 정치적 갈등이나 분쟁에 함부로 개입할 수 없다는 점이다.

주권평등, 국내문제 불간섭, 국제예양 등 이러한 제3국의 불개입을 설명하거나 뒷받침해줄 수 있는 국제규범 차원의 원칙은 많이 있다. 국제사회에서 이러한 불개입 원칙은 도덕적으로 타당하거나 교양 있어 보이기 때문이 아니라 궁극적으로 그것이 모든 국가의 이해관계에 부합하기 때문에 효력을 인정받는다고 보아야 할 것이다. 국가는 원칙적으로 자신이 당사자가 아닌 분쟁, 특히 영토 분쟁과 같이 민감한 정치적 사안에 임의로 개입하지 않는다.

따라서 제3국 정부에 대한 우리의 영유권 홍보는 유명한 웹툰 작가 메가쇼킹 고필헌의 표현을 빌리면, "소귀에 랩하기"와 다름없는 것이다.[14]

물론, 힘 있는 제3국은 때때로 자국의 이익을 지키기 위해 옳든

---

14 여기서 미국의 독도 표기와 관련된 2008년의 스캔들을 기억하시는 분이라면 제3국(여기서는 미국)에 대한 홍보가 중요하다는 이견을 제기할 수도 있을 터인데, 이 문제에 대해서는 뒤에서 별도로 다루도록 한다.

그르든 여러 명분을 내걸고 다른 국가들 사이의 분쟁에 함부로 개입해왔다. 그러나 이 경우 제3국은 자신의 이익(에 대한 판단)에 입각하여 개입한 것이며, "너희들의 열성적인 홍보에 우리 거대강국의 마음이 움직여 너희를 도와야겠다"라는 식으로 끼어드는 경우는 없다고 보아야 할 것이다.

제3국 정부는 그렇다 치고 제3국 국민은 어떠한가? 결론부터 말하자면 제3국 국민들 역시 분쟁 해결에 거의 아무런 영향을 미칠 수 없다.

극단적으로 말해, 일본인을 제외한 전 세계인이 독도를 한국 땅이라고 생각하더라도 일본은 여전히 거리낌 없이 독도 영유권을 주장할 것이다. 반면, 한국인을 제외한 모든 지구인이 독도를 일본 땅이라고 생각하더라도 독도는 변함없이 한국 땅으로 남을 것이다.

이유는 간단하다. 제3국 국민들이 뭐라고 생각하든 한국과 일본의 다툼이나 갈등을 해결하는 데에서 그들의 의견 따위는 아무런 의미가 없기 때문이다.

제3국의 국민들이 영토 문제에 역할도 권능도 없는 제3자에 불과하다면 이론적으로 결국 그러한 제3국 국민들을 거의 유일한 대상으로 하는 영유권 홍보행위는 쓸모없는 짓일 뿐만 아니라 심각한 세금탕진 행위라는 결론을 도출할 수밖에 없다.

홍보는 세금탕진?

이러한 세금탕진론에 대한 반론을 세 가지 정도 생각해볼 수 있다.

첫째, 만일 전 세계 지구인들의 여론이 일본의 주장을 옹호하게 된다면 유엔이 독도를 일본에 넘기라고 압박을 가할 수 있기 때문에 이에 대응하기 위한 홍보는 세금낭비가 아니다. 둘째, 제3국 국민들 중 일반 시민들은 재껴두더라도 국가 간 영유권 문제 해결을 직업으로 삼는 국제사법재판소의 재판관들과 전 세계 국제법 및 영토 문제 전문가들이 모두 독도를 일본 땅이라고 생각한다면 그만큼 우리의 영유권이 위험해지는 것이므로 홍보는 세금낭비가 아니다. 셋째, 전 세계의 일반인들이 일본의 주장을 옹호한다면 당장 독도를 빼앗기지는 않더라도 어쨌든 그만큼 우리나라가 불리하고 불쾌한 상황에 놓이는 것은 사실이므로 이러한 불리하고 불쾌한 상황을 방지하기 위해 홍보하는 것은 결코 돈 낭비가 아니다.

우선 첫 번째 반론과 관련하여 유엔의 주요기관들 중에서 법적 영토분쟁을 다룰 수 있는 것은 국제사법재판소(International Court of Justice: ICJ)뿐이라는 점을 주목할 필요가 있다. 그리고 국제사법재판소는 한국이 동의하지 않는 한 독도 문제를 재판할 관할권이 없다.[15] 유엔 총회와 안전보장이사회는 엄밀히 말해 국제사회의 여

---

15 국제사법재판소는 유엔의 주요 기관들 중 하나이다. 그런데 이는 조약 또는 기타 별도의 법적 근거가 없는 상황에서 국가의 의사와 상관없이 재판을 할 수 있는 그런 기관이 아니다. 우리가 독도를 국제사법재판소에 회부하기 싫다고 하면 국제사법재판소는

론에 따라 움직이는 곳도 아니지만 설사 실체 불분명한 국제사회의 여론이 반영된다고 하더라도 국제여론의 다수결에 따라 두 회원국 간 영토분쟁을 해결하는 것은 유엔 총회와 안전보장이사회의 권한에 속하지 않는다. 달리 말해, 유엔 총회와 안전보장이사회는 정치적 기관(정치적 분쟁해결 기관)이며 법적 분쟁의 해결은 사법 기관인 국제사법재판소가 담당한다.

총회와 안전보장이사회에 대해 좀 더 부연하자면, 유엔헌장상 양 기관의 임무와 권한은 약간 중첩되면서도 구별된다. 총회는 국제평화와 안전 문제에 대해 광범위하게 다룰 수는 있으나 회원국에게 법적 강제력이 있는 결정은 내릴 수 없다. 안전보장이사회는 국제평화와 안전에 대한 1차적 책임을 지는 기관으로서 국제평화와 안전을 위협하는 분쟁이 발생하는 경우 이에 대한 평화적 해결을 권고(법적 구속력 없음)하거나 강제조치(경제제재, 군사조치 등)를 취할 수 있다. 안전보장이사회가 권고할 수 있는 평화적 해결방안에는 ICJ 회부가 포함될 수 있으나 이는 말 그대로 권고일 뿐이다. 강제조치의 경우, 안전보장이사회는 단순 권고를 넘어 회원국에게

아무 일도 할 수 없다. 만일 일본이 일방적으로 국제사법재판소에 독도 영유권 문제를 회부할 경우 국제사법재판소는 한국이 재판에 동의하지 않는 한 (그리고 동의할 때까지) 아무런 조치를 취하지 않으며 재판소의 공식 사건기록 명부에도 등재되지 않는다. 일본의 일방 제소에 대해 국제사법재판소가 발행할 유일한 문서는 일본이 일방 제소했다는 취지의 간략한 보도자료뿐이다.

법적 구속력이 있는 '결정'을 내릴 권한이 있다. 즉, 안전보장이사회가 국제평화를 해치고 있는 특정 국가에 대해 경제제재나 군사조치를 '결정'할 경우 회원국은 이를 의무로서 이행해야 한다. 그러나 이러한 법적 구속력 있는 결정은 경제제재나 군사조치 등의 강제조치에 한정되며 안전보장이사회가 국제사법재판소 회부를 강제적으로 명령할 수는 없다.

만일 어느 나라의 정부가 자국민 수만 명을 학살하고 있다면 이에 분노한 국제사회의 여론이 유엔 총회와 안전보장이사회를 움직여 그 정부의 학살 중단과 인권보장을 촉구하는 결의를 통과시킬 수 있을 것이고, 안전보장이사회의 결의에 따라 그 나라에 대해 학살행위 중단을 위한 군사적 개입도 시행할 수 있을 것이다. 그러나 이러한 국제평화 또는 인권에 직접 관련된 사안이 아닌 섬의 영유권을 둘러싼 두 국가 간 논란에 대해 유엔 총회와 안전보장이사회는 할 수 있는 일이 별로 없는 것이다.

만일 영유권 다툼이 국제평화와 안전을 위협하는 군사적 충돌로 비화한다면 안전보장이사회가 양국을 자제시키면서 ICJ에 분쟁을 회부할 것을 촉구할 수는 있겠으나, 특정 국가에게 영유권을 안겨 주지는 못한다. 안전보장이사회가 개입하는 것은 충돌 자체가 국제평화와 안전을 해칠 것이 우려되기 때문이지 독도가 특정 국가의 소속이라는 믿음 (또는 적극적 홍보의 결과로 인한 세뇌) 때문이 아니다. 그리고 이 경우에도 방금 전에 살펴보았듯이 원칙적으로 안전보장이사회의 촉구는 ICJ가 관할권을 갖지 못하는 사안에 대해 관할권을 강제 유발시키는 별도의 근거가 될 수는 없다. 안전보장이사회는 '전 세계의 여론'에 따라 섬이 누구의 소유인지를 가리기 위해서 개입하는 것이 아니라 군사적 충돌로 빚어진 국제안보 문제를 수습하기 위해 개입하는 것이다.[16]

반대로, 아무리 홍보를 잘해서 독도가 한국 땅이라는 여론을 퍼뜨려 놓아봤자 안전보장이사회는 독도가 누구 땅이냐 하는 판단에 입각해서 행동하는 곳이 아니기 때문에 이 기관이 우리에게 도움을 줄 수 있는 것은 없다.

두 번째 반론과 관련하여, 국제사법재판소의 재판관들과 전 세계 국제법 전문가들이 일본의 독도 영유권 주장에 동조적이라면 이는 물론 심각하게 불편하고 짜증스러운 상황일 것이다. 그러나 법률가 또는 전문가 집단의 경우 이들을 '홍보'의 대상으로 보는 것은 잘못된 접근이다. ≪뉴욕타임스≫ 전면광고 또는 타임스퀘어의 전광판을 보고 독도가 한국 땅이라고 믿게 되는 사람이 과연 전문가일까? 전 세계 국제법 전문가 또는 영토분쟁을 연구하는 학자들

---

16 한일 양국 간에 독도 문제를 둘러싼 심각한 군사적 대치 또는 충돌이 발생하고 안전보장이사회가 독도 문제를 ICJ에 회부하라는 압력을 가한다는 시나리오는 현실 개연성이 높지는 않지만, 실제 그러한 상황이 이론적으로 전혀 불가능하다고 단언할 수는 없을 것이다. 이렇게 한국이 국제사회의 압박으로 ICJ 법정에 가야 한다면 이는 홍보의 문제가 아니라 소송전략의 문제로 봐야 할 것이다.

을 상대로 영유권 홍보의 효과를 실험해본 적이 없으니 단정하기는 어렵겠지만 전문가를 자처하는 사람들이 심도 깊은 독자적 연구조사가 아닌 알록달록 색동 홍보물이라든가 눈물을 왈칵 쏟게 만드는 감정적인 광고 동영상을 바탕으로 자신의 입장을 결정할 것이라고 보기는 어렵지 않을까? 국제사법재판소 재판관들의 경우 만일 우리가 정말로 독도 문제를 법정에 회부하게 된다면 그때 충분한 자료와 증거와 논리를 바탕으로 그들을 이해시키고 설득시키면 될 것이다. 모든 정상적인 사법기관의 재판관은 분쟁이 본격적으로 제기되기 전에 홍보물이나 언론보도를 바탕으로 미리 결론을 내리는 것이 아니라 법정 앞에 제시된 증거와 논변을 바탕으로 분쟁을 해결하기 때문이다. 이 지점에서 우리는 홍보의 문제가 아닌 '(독도 재판이라는 가상적 상황을 전제로 한) 소송전략'의 영역으로 넘어가게 된다.[17]

물론 독도 문제를 언론에서 접하고 관심을 갖게 된 전문가나 국제사법재판소 재판관이 독도가 과연 누구의 땅인지 개인적으로 연구해보고 싶어 할 수도 있다. 따라서 우리는 당연히 이러한 전문적 식견을 갖춘 사람들을 위한 외국어 자료를 충실히 준비해두어야 할 것이다. 그러나 이 정도 전문적 요구를 충족시킬 수 있는 수준의 자료는 홍보의 문제가 아닌 전문적 영유권 논리 강화의 문제가

---

17 이에 대해서는 뒤에서 다루도록 한다.

될 것이다.

만일 국제사법재판소 재판관이 법관으로서의 엄격한 지성적 태
도와 전문적 윤리의식을 갖추지 못한 사람이면 어떻게 할 것인가?
전 세계의 국제법 또는 영토 문제 전문가들이 사실은 평소 전광판
이나 팸플릿을 보고 국가 간 영토갈등에 대해 자신의 의견을 미리
정해버리는 얄팍한 인간들이라면 결국 평창 동계올림픽 유치 홍보
하듯 독도 홍보를 해야 하는 것 아닌가? 전 세계 전문가들의 자질
과 자격을 의심한다면 결국 어쩔 수 없이 그 수준에 맞는 얄팍한
홍보를 열심히 해야 한다는 결론을 피할 수 없을 것이다.[18]

이와 관련하여, 일본은 국제사법재판소에 재판관을 두고 있는
반면 우리나라는 그러하지 못하기 때문에 국제사법재판소에 독도
문제를 회부하는 것은 올바르지 않다는 주장이 언론에서 종종 제
기되고 있다. 그러나 이는 별로 설득력이 없는 주장이다. 일단 국
제사법재판소의 중립성과 공정성에 대한 국제적 신뢰도는 매우 높
은 편이다. 국제사법재판소는 서방 선진국들뿐만이 아니라 아프리
카와 중남미, 아시아의 여러 나라들이 애용해왔다. 만일 국제사법
재판소가 선진국 또는 강대국들에게만 유리한 곳이라면, 그리고
재판관석에 자국 출신 재판관을 두고 있는 국가에게만 유리한 곳

---

18 그러나 대부분의 국제법 전문가들은 국제분쟁 해결의 역사적 경험과 현 국제법 학계
의 수준에 비추어 그렇게 어이없는 상황이 현실적으로 존재한다고 생각하지는 않는
것 같다.

이라면 그간 국제사법재판소를 열심히 활용해온 제3세계 국가들의 행동을 제대로 설명하지 못한다. 그럼에도 자국 출신 재판관이 없는 나라들이 법정의 공정성과 객관성에 대해 우려를 가질 수 있기 때문에 국제사법재판소는 이른바 국적재판관(임시재판관)이라는 제도를 두고 있다. 분쟁당사국 출신의 재판관이 없을 경우 그 분쟁당사국은 자신이 원하는 사람을 그 분쟁해결을 위한 재판관으로 임시 임명할 권리가 있다는 것이다. 즉, 한국이 국제사법재판소의 분쟁당사국으로 나서게 되는 경우, 현재 한국 출신의 재판관이 없기 때문에 한국은 그 누구든 원하는 사람을 재판관으로 임명할 권리를 갖는다. 한국 국적의 유능한 국제법 전문가를 임명할 수도 있고, 실력 출중한 (그리고 우리 입장에 유리한 학설을 옹호하는) 외국 전문가를 임명할 수도 있다는 것이다. 이 경우 분쟁상대국 출신 재판관보다 더 유능하고 실력이 있으면서도 우리 입장에 부합하는 전문가를 찾을 수 있다면 한국은 오히려 더 유리한 입장에서 재판을 할 수도 있는 것이다.[19]

19 그렇다고 해서 국제사법재판소에 한국 출신 재판관이 필요 없다는 뜻은 아니다. 한국인의 국제사법기관 진출은 여러모로 큰 의미가 있을 것이기 때문에 우리의 전문가들을 계속 양성하여 언젠가 우리나라도 국제사법재판소 재판부에 한국인을 진출시키기위한 노력이 이루어져야 할 것이다.

전 인류 대상 홍보론

세 번째 반론, 즉 일반인들이 비록 남의 나라 영토 문제에 대해 개입할 권한은 없어도 대다수의 지구인들이 독도를 일본 땅이라고 믿는다면 이는 궁극적으로 우리의 독도 영유권 수호를 위협하는 일이므로 이를 막기 위해 적극적인 홍보가 필요하다는 반론에 대해서 생각해보자. 즉, 영토 문제를 당장 해결하지는 못하더라도 세계인들이 독도에 대한 진실을 잘 알고 일본의 못된 습성을 함께 규탄하도록 만들 수만 있다면 홍보는 그 자체로 가치가 있다는 주장이다.

우선 앞에서 국제재판관이나 전문가들이 홍보에 쉽게 넘어갈 리 없다고 언급했는데 사실 어찌 보면 상식을 갖춘 제3국의 일반 대중에 대해서도 동일한 이야기를 할 수 있지 않을까 생각된다. ≪뉴욕타임스≫ 전면 광고나 타임스퀘어 전광판을 보고 "아, 독도가 일본 땅인 줄 알았는데 알고 보니 한국 땅이었구나"라고 믿게 되는 사람이 몇 명이나 있을까? 그렇게 쉽게 마음을 정하는 사람이 있다면 아마 국제 수준의 바보일 것이고, 그런 바보들은 다음 날 독도가 일본 땅이라는 일본의 주장을 주워들으면 금방 생각을 바꿀 것이다. 홍보라는 것이 주의력 산만한 한 줌의 국제적 바보들에게만 효과가 있는 것이라면 그것은 의심의 여지없이 세금낭비이다.

그렇다면 대다수의 지구인들이 독도를 일본 땅이라고 믿고 있는 상황이 온다면 이를 방치해도 좋다는 말인가?

물론 그런 상황이 도래해서는 안 될 것이라는 점에는 의문의 여지가 없다. 그러나 대다수의 지구인들이 독도를 일본 땅이라고 믿거나 반대로 한국 땅이라고 믿게 되는 상황은 현실적으로 거의 발생하기 어려운 극단적인 가정이 아닐까 생각된다. 경험적으로 볼 때 대다수의 지구인들은 제3국 간 영토를 둘러싼 분쟁에 큰 관심이 없다. 위에서 말했듯이 국제사회의 여론이 관심을 가질 만한 널리 알려진 영토분쟁이라 하더라도 홍보에 의존해서 자신의 입장을 결정하는 사람은 그다지 많지 않을 것이며, 그렇게 입장을 결정한 사람들의 의견 따위는 그 영토분쟁의 해결과 무관한 것이 상례라고 본다.

전 인류가 독도 문제에 대해 관심을 갖고 이에 대해 알고 싶어 할 것이라거나 홍보 여하에 따라 전 세계인들이 독도 문제에 대해 하나의 입장을 형성하게 될 것이라고 보는 관점 자체가 어쩌면 우리의 과장된 자의식일지도 모른다. 일본 제국주의의 부당한 피해자였던 우리 민족의 역사에 전 세계가 공감해줄 것이며 반드시 공감해주어야 한다는 모종의 도덕적 당위감과 우월감 때문에 독도 문제에서 홍보의 역할을 과대평가하게 되는 것은 아닌지 자문해볼 필요가 있지 않을까?

만일 일본이 먼저 전 세계 언론을 상대로 독도가 일본 땅이라는 주장을 제기하며 홍보에 나선다면 어떨까? 위에서 우리의 독도 영유권 홍보가 큰 효과가 없을 것이라고 했듯이, 일본의 홍보 역시 제

3국 국민들이나 전문가들의 마음을 얻기는 어려울 것이다. 물론 이런 경우 우리 정부와 국민이 일본의 허위주장을 도저히 참고 넘길 수 없기 때문에 대응홍보에 나서지 않을 수 없을 것이며, 이러한 대응홍보를 세금낭비라고 평가할 사람은 없을 것이다.

과학과 실증을 넘어선 홍보론

사실 독도 동영상이나 광고홍보물이 독도에 대한 개개인의 의견에 어떤 영향을 미치는지는 실증적 평가의 범위를 넘어선 문제라고 보아야 할 것이다. 독도에 대한 30분 내지 한 시간짜리 홍보 동영상 또는 신문 전면광고, 전광판, 팸플릿, 포스터, 인터넷 홈페이지 홍보나 페이스북, 트위터 홍보 등이 독도 영유권에 대한 제3국 국민의 의견에 어떤 영향을 미칠 것인지에 대해 객관적으로 평가하기는 어렵다. 심리학자들이 종종 사용하는 실험을 통해 독도 홍보가 외국인의 입장에 어떤 영향을 미치는가를 파악해볼 수 있을지는 모르겠지만 얼마나 신뢰성 있는 과학적 실험을 디자인하고 실행할 수 있을지 의문이다.

위에서 홍보가 별다른 효과를 갖지 못할 것이라고 말하며 홍보에 넘어가는 사람들을 바보 취급한 것도 어찌 보면 하나의 추정에 불과하다는 점을 인정한다. 독도 홍보의 효과에 대해서 말하는 것은 결국 과학과 실증의 영역을 벗어난 신념과 주관적 판단의 영역이다. 그러나 필자로서는 영유권 문제의 특성상 홍보 행위가 제3국

국민들의 독도에 대한 인식을 별로 바꾸지도 못할 것이며 독도 문제의 '해결'에도 거의 기여하지 못할 것이라는 판단이 합리적인 상식에 부합한다고 생각한다. 홍보로 해결되는 영토 문제라는 것은 애당초 없을지도 모른다. 중국과 일본 간의 댜오위다오 / 센카쿠 열도 분쟁, 또는 일본과 러시아의 북방 영토분쟁, 또는 동남아시아나 아프리카 지역 이웃국가들 간의 여러 영토분쟁이나 국경분쟁에 대해 그 분쟁당사국들의 홍보를 접해본 적이 있는지, 만일 그런 홍보물 또는 그 분쟁 관련 기사를 읽어본 적이 있다면 그 홍보물 또는 신문기사를 바탕으로 그들 간의 복잡한 분쟁을 다 이해하고 나름의 입장을 정한 적이 있는지 따져볼 필요가 있다. 합리적 판단력을 가진 글로벌 상식인이라면 제3국 간에 벌어지고 있는 영토 문제나 국경문제를 한 국가의 일방적인 홍보물에 입각해서 판단하지 않을 것이고 자신이 그 문제를 판단할 권한이나 이해관계가 없다는 점도 잘 알고 있을 것이다. 결국 독도 홍보의 유일하게 확실한 효과가 있다면 그것은 '한국이 독도를 홍보하고 있다는 사실을 제3국 국민들에게 각인시키는 효과' 외에는 별로 없는 것이 아닐까?

'영유권 다툼을 부각시키지 않는 자연스러운 홍보'는 효과가 있을 것이라는 주장을 제기하는 이들도 있다. 독도의 아름다운 풍광을 배경으로 태극기가 휘날리는 동영상을 제작해서 배포한다거나 독도에서 록큰롤 행사를 개최함으로써 자연스럽게 독도를 한국 땅으로 인식시킬 수 있다는 것이다.

그러나 '자연스러운' 홍보도 특별히 다를 것이 없다. 한일 간 독도 영유권 문제가 존재한다는 사실을 알고 있는 (바보가 아닌) 외국인이라면 한국이 독도에서 록큰롤 행사를 개최한다는 사실 때문에 갑자기 한국의 입장을 지지하기로 결정하지도 않을 것이고, 영유권 문제의 존재를 모르는 사람이라면 애당초 한국의 입장을 지지한다는 문제의식 자체도 없을 것이다. 그 외국인은 여전히 그저 아무 상관없는 이방인일 뿐이다. 그 록큰롤 행사를 접한 이후 뒤늦게 독도 문제의 존재를 알게 된다고 해도, 그 이방인이 "한국이 독도에서 록큰롤 행사를 치른 것을 보니 한국의 영유권 주장이 옳겠지"라고 생각하지도 않을 것이다.

반면, 독도 홍보는 독도가 분쟁지역이라는 인식을 조장함으로써 오히려 독도 영유권을 위태롭게 한다는 주장이 제기될 수 있다. 필자는 그러한 주장에 어느 정도 일리가 있다고는 보나, 반대로 독도 홍보는 독도 영유권을 그다지 위태롭게 하지 않는다는 반론도 가능하다. 위에서 논했듯 영유권 홍보가 '조장'해낼 수 있는 '인식'의 양이나 규모가 별로 대단하지 않기 때문이다.

독도 홍보가 우리의 독도 영유권에 미치는 부정적 효과가 있다면 그것은 우리의 집단적 불안 심리나 초조함을 보여주는 것으로 오해될 소지가 있다는 점이 아닐까 싶다. 이미 국제사회의 지도적 역할을 수행하는 중견국가 그룹의 반열에 든 한국이 독도라는 아주 작은 섬의 홍보에 열을 올리는 모습을 본 외국인이 한국의 독도 영유권에 대해 긍정적인 인상을 갖게 된다고 확신할 수 있을까? 오히려, "이미 그 땅을 잘 점유하고 있는 한국이 저렇게 홍보에 집착하는 것을 보니 뭔가 감추려는 정치적 의도가 있는 것은 아닐까", 또는 "가창력 제로의 걸그룹이 하의실종 의상이나 예능 출연으로 승부하는 모습과 비슷한 것은 아닐까"라는 식의 망측스러운 의문을 제기할 수도 있기 때문이다.

위에서 필자가 독도를 지키기 위해 적극적인 독도 영유권 홍보가 필요하다고 인정한 두 가지 시나리오는 첫째, 국제재판관과 전문가들의 지적·윤리적 수준이 상식 이하인 경우, 그리고 둘째, 전 지구인들이 독도가 일본 땅이라고 믿게 되는 상황이 도래하는 경우였다. 적극적 홍보의 필요성을 역설하고자 한다면 그 두 가지 시나리오의 현실적 가능성과 홍보의 비용 및 효과를 적절히 비교·평가해보아야 할 것이다. 이미 언급했듯이 필자는 그 시나리오들의 현실적 가능성이 매우 낮을 것으로 보기 때문에 독도 홍보에 쏟아붓는 (또는 부을) 돈과 시간이 아깝게 느껴진다.

그러나 정치지도자들과 국민들이 그 현실적 가능성을 높게 본다면 그에 합당하는 홍보를 할 수밖에 없을 것이다. 즉, 독도 홍보가 독도 영유권 수호와 무관하다고 본다면 정부의 홍보는 세금낭비이나, 수준 낮은 재판관의 존재 또는 전 인류가 독도 영유권을 헷갈리는 상황의 도래를 정말로 우려한다면 정부의 홍보는 목숨 걸고 추진해야 할 국가적 과제이다.

몇 년 전 일군의 용감한 한국 대학생들이 독도 영유권을 전 세계에 홍보하겠다며 미국 일대를 순회한다는 기사가 언론을 장식한 적이 있다. 미국의 유수 대학교 캠퍼스나 시민들이 많이 모이는 곳을 찾아다니며 풍물놀이도 보여주고 게임도 진행하면서 독도를 홍보한다는 것이다. 아무도 그들의 순수한 열정과 애국심을 의심하지 않는다. 게다가 세금을 사용하는 것도 아니니 그들의 활동을 부정적으로 평가할 이유가 전혀 없다. 다만, 그러한 활동이 독도 문제 해결이라든가 우리 영토의 수호와는 별로 상관없는 행위라고 판단할 뿐이다. 그 활동에 참가한 학생들이 — 자신들이 독도 영토수호에 기여했다는 자만심에 빠지지 않고 — 그 활동을 통해 입증된 진취적 성격과 애국심, 인내력, 추진력을 바탕으로 앞으로 다양한 분야에서 대담하고 창의적인 활동을 지속 펼쳐나가면서 우리나라를 이끌어갈 지도적 인재로 성장하기를 기대해볼 뿐이다.

그렇다고 독도 영유권을 알리기 위한 아무런 노력을 하지 말자는 것은 결코 아니다. 외교부 또는 지방자치단체, 기타 관련 공공기관의 홈페이지에 우리의 독도 영유권 근거를 차분하게 설명하는 자료를 올려놓고 좋은 외국어 자료를 만들어서 적절히 배포하는 작업을 지금까지 해온 대로 계속해야 한다. 독도에 대해 알고 싶어하는 사람들에게 최대한 친절한 설명을 곁들인 자료를 쉽게 접할 수 있도록 만드는 작업은 정부에서도 계속 해왔고 앞으로도 계속해나갈 것으로 본다.

다만, 현재 진행 중인 일상적인 홍보의 수준과 범위와 소요예산을 대폭 늘린다고 해서 상황이 크게 달라질 것이라는 부푼 기대를 갖고 홍보작업에 과도한 돈과 열정을 쏟는 일은 신중하게 검토해 봐야 한다는 것이다.

우리에게 홍보란?

가끔씩 우리나라가 일종의 집단무의식 차원에서 무슨 일이든 대외 홍보에 열중하는 습관을 갖게 된 것은 혹시 아닐까 하고 자문해 보기도 한다. 급격한 개발의 시대를 거치며 전 국민이 국위선양의 책임을 부여받아 우리보다 잘살고 뭔가 수준이 높은 듯한 외국인들로부터 평가받고 칭찬받아야 한다는 일종의 인정 강박의 시대를 살아왔는지도 모른다. 역사적으로는 거대한 중국에 인접한 지리적 숙명으로 인해 우리의 위대한 독자적 전통과 문화적 정체성을 지키기 위한 피눈물 나는 투쟁을 지속해왔고, 일제의 탄압에도 불구하고 전통과 문화를 소중히 지켜온 우리나라다. 그런데 해방 이후 가난한 약소국이라는 이유로 외부로부터 우리의 역사와 문화를 제대로 인정받지 못하는 사실에 우리는 공분해왔다. 외국에 나갔더니 "중국인이냐, 일본인이냐"라고만 물어봐서 화가 났다는 일화는 우리들이 가진 애국심과 민족의식의 밑바닥 어딘가에 공통적으로 자리 잡고 있다. 그러면서 어느새 우리는 우리의 진정한 모습, 우리의 진실을 널리 홍보하여 타인의 시선을 끌어당기고 그 시선 속에서 우리의 티 없는 모습을 확인해야 직성이 풀리는 나라가 되었는지도 모른다.

이러한 맥락에서, 독도 영유권 홍보행위의 진정한 의미는 외국 또는 제3자가 아닌 우리 안에서 찾아봐야 할지도 모른다. 위에서 말했듯이 우리들은 외국인이 우리 역사나 우리 사회의 발전상에 대해 잘못 알고 있거나 일본 제국주의의 비도덕성과 파렴치함에 대해 모르고 있으면 너무나 답답해하는 것이 사실이다. 이미 전 국민이 가장 진심으로 아끼는 부동산이 되어버린 독도에 대해서는 말할 필요도 없을 것이다. 따라서 정부는 독도에 대한 홍보가 실질적 효과를 갖든 말든 국민들의 마음을 달래주기 위해 적극적인 홍보행위에 나서야 할지도 모른다. 국민들의 답답한 심정과 역사적 정의에 대한 욕구를 충족시키기 위한 홍보를 부당한 세금낭비라고 비난할 수는 없기 때문이다. 다만, 그러한 정당한 홍보의 과정에서도 일본의 독도 분쟁화 전략에 말려들 위험이 높은 감정적이고 과도하게 민족주의적인 접근법에 대해서는 경계할 필요가 있을 것이다.

✎ 독도 영유권 위기론 총정리

지난 십여 년간의 독도 관련 언론보도를 한데 모아놓고 찬찬히 들여다보고 있노라면 우리의 독도 영유권은 언제든 일본의 손아귀에 넘어갈 것만 같은 위기감이 든다. 독도 영유권 위기론이라고 부를 만한 담론들이 만들어지는 계기는 참으로 다양하다. 우선, 다수의 해외언론과 교과서 또는 지도가 동해를 '일본해'라고 표기하고 있어서 '일본해'에 있는 독도마저 일본 영토로 간주되는 위험에 처했다고 한다. 둘째, 한국이 과거 일본과의 해양경계획정 협상에서 독도가 아닌 울릉도를 배타적경제수역(Exclusive Economic Zone: EEZ)의 기점으로 잡고 협상을 전개하는 바람에 독도를 포기한 것으로 보이는 위기에 빠졌다. 셋째, 한일어업협정에서 독도를 공동 관리 구역으로 설정하여 일본의 독도 영유권을 인정해버리고 말았다. 넷째, 미국이 독도를 주권미정이라고 표기하여 일본 편을 들어주는 바람에 우리의 독도 영유권이 손상되고 말았다. 다섯째, 과거 대통령들이 모두 일본의 눈치를 보느라 독도 방문을 거부함으로써 우리의 독도 영유권 수호 의지가 퇴색되어왔다. 마지막으로 귀신 잡는 해병대를 놔두고 해경과 경찰병력만 보내서 독도를 경비하는 바람에 우리의 독도 영유권이 갈수록 약화되고 있다. 이런 상황에서 가수 김장훈 씨의 공익적 활동 외에 독도에 대한 기분 좋은 뉴스라고는 손가락 씻고 클릭해봐도 찾을 수 없는 형편이다.

동해 표기

먼저, 동해 표기에 대해 생각해보자. 전 세계적으로 일본해 표기가 일반화되어 있는 것이 현실이다. 우리나라는 일본의 이러한 기득권을 파탄내기 위해 상당한 예산과 시간과 열정을 투자하고 있다. 그런데 동해 표기는 법적인 문제가 아니다. 이것은 영유권 또는 해양주권 문제와 상관이 없는 바다의 '이름' 문제, 말 그대로 표기의 문제이다. 전 세계인이 동해를 동해라고 부른다 해서 동해 전체가 우리나라의 소유물이 되는 것이 아니다. 반대로 동해가 일본해라고 표기된다고 해서 우리나라의 수역 관할권이 침해당하는 것도 아니다. 우리나라가 동해 표기 확산을 위해 애쓰는 것은 우리의 '법적' 권리를 위해서가 아니라 이보다 큰 역사적 정의와 정당성 차원에서 의의가 있다. 국제법상 바다의 경계와 범위 획정은 유엔 해양법협약에 근거하여 이루어지는데, 좀 더 널리 쓰이는 영어 이름이 무엇이냐는 바다의 경계획정에 아무런 영향을 미치지 못한다. 마찬가지로, 바다의 이름은 그 바다 안에 놓여 있는 섬의 영유권과도 무관하다. 전 세계가 동해를 일본해라 불러도 독도가 한국 영토라는 사실에는 아무런 영향을 미치지 못한다. 동해가 일본해라고 알려진다고 해서 동해에 있는 울릉도가 일본 땅이 되지 않는 것과 마찬가지다. 우리가 일본의 독도와 동해에 대한 궤변을 들을 때 '다케시마 일본해에 가라앉는 소리'라고 비웃을 수는 있겠지만 실제 일본해라는 명칭과 독도 영유권은 무관하다. 우리 정부와 온 국민이 힘을 모아 동해 표기 확산을 위한 운동을 열심히 추진해야겠지만, 그렇다고 해서 전혀 관계없는 독도를 그 문제에 끌어들이는 우를 범하지는 말아야 할 것이다. 게다가 우리가 동해 표기 운동을 열심히 할 때마다 일본은 그 논쟁적 분위기를 독도 영유권 분쟁화에까지 확산시키려는 구상을 하고 있을 것이라는 점도 잊지 말아야 할 것이다.

배타적경제수역의 기점 설정

둘째, 배타적경제수역의 기점 문제가 있다.[20] 사실 이 문제는 수년 전 일본과의 동해상 경계획정협상에서 우리 정부가 독도를 우리 측 EEZ의 기점으로 삼겠다고 선언한 이후, 이제 이는 한물 간 과거의 이슈가 되었다. 그러나 그 전까지 우리 정부는 울릉도를 우리의 EEZ 기점으로 삼는다는 입장을 보여 왔기 때문에 일부 학자들과 언론이 이를 두고 독도 영유권 포기 행위라며 맹비난을 가했던 것이다. 그 학자들과 언론의 비난은 정당한 것이었나?

배타적경제수역은 국가 영토에서 최대 200해리까지의 범위 내에서 연안국이 해양수산자원, 과학조사, 환경보호 등과 관련된 권한을 행사할 수 있는 수역을 가리킨다. 그렇다면, 그 200해리를 어디서부터 측정할 것인가? EEZ뿐만 아니라 영해나 접속수역, 대륙붕 등 모든 국가의 해역은 동일한 측정 시발점을 갖게 된다. 이를 기선(특정 지점의 경우는 기점)이라고 한다. 일반적으로 본토 육지에서는 이른바 말 그대로 바다와 육지가 만나는 선을 기준으로 바다

---

20 배타적경제수역의 개념에 대해서는 다음 장에서 좀 더 상세하게 설명한다.

의 범위를 측정한다. 본토에서 떨어져 있는 섬의 경우, 그 섬을 하나의 기준점(기점)으로 삼아 배타적경제수역을 선포할 수도 있다.

문제는 섬이라고 보기에 애매한 암석(바위)이다. 사람이 살지 않는 먼 바다에서 수면 위로 살짝 올라와 있는 작은 바위 한 덩이까지 배타적경제수역의 기점으로 삼을 경우 그 바위를 영유하는 국가가 과도하게 배타적경제수역을 확장시켜 해양 이용의 자유가 위축될 수 있다는 우려가 제기된 것이다. 결국 유엔 해양법협약은 제121조에서 독자적으로 인간의 거주 또는 경제생활을 영위할 수 없는 바위(rock)에 대해서는 배타적경제수역을 설정할 수 없다고 규정하여 섬과 바위의 법적 지위를 구별하고 있다.

그렇다면 독도는 배타적경제수역을 설정할 수 있는 섬인가, 아니면 독자적으로 인간의 거주나 경제생활 영위가 불가능한 바위인가? 해양법협약 제121조의 해석에 따라 이 문제에 대한 답변은 달라질 수 있다. 딱히 정답이 있는 것은 아니다. 열 명의 전문가에게 독도가 제121조상의 섬인지 암석인지를 묻는다면 아마 5:5 정도로 답변이 갈리지 않을까 생각된다.

섬이라고 보는 입장에서는 독도에 경비대도 살고 있고 물과 식량공급도 큰 어려움 없이 가능하기 때문에 섬이라고 봐야 한다고 주장할 것이다. 반면, 바위라고 보는 입장에서는 외부의 지원 없이 독자적인 인간 거주가 불가능하기 때문에 독도는 제121조에서 상정한 바위의 개념에 부합하며 경비대나 여타 인원이 상주한다는 이유로 이를 해양법상 섬으로 보는 것은 그 조항의 취지에 위배된다고 해석하게 될 것이다.

만일 독도를 배타적경제수역의 기점으로 삼을 수 없다고 본다면, 울릉도를 기점으로 삼아 배타적경제수역을 설정하면 된다. 울릉도와 독도의 거리가 대략 87km(약 48마일)이므로 독도는 우리가 선포한 배타적경제수역 안에 위치한다. 물론, 독도가 울릉도를 기점으로 하는 배타적경제수역에 포함되지 않더라도 독도가 우리의 영토라는 사실에는 변함이 없다. 해양영역은 그 기점이 되는 육지(섬)의 영유권에 종속되는 것이지, 섬이 어느 해양영역에 존재하느냐가 그 섬의 영유권을 결정하는 것이 아니기 때문이다.

일본은 자신들의 독도 영유권 주장을 바탕으로 독도를 자신들의 기점이라고 주장할 것이며 실제 그렇게 해왔다. 따라서 우리가 울릉도를 기점으로 삼을 경우 '한국은 울릉도를 기점으로 삼아 배타적경제수역을 주장하는데 일본은 독도를 기점으로 삼아 배타적경제수역을 주장'하는 언뜻 보기에 이해하기 어려운 상황이 연출된다. 일부 학자들이 이를 들어 한국의 울릉도 기점론이 독도 영유권을 훼손한다고 주장하며 한국 정부를 비판하기도 했다. 그러나 그 학자들은 매우 심하게 틀렸다. 배타적경제수역에서의 기점 설정 여부와 영유권은 무관하기 때문이다. 우리가 독도를 기점으로 삼지 않는다면 그것은 독도를 우리 영토로 간주하지 않기 때문이 아니라 우리 영토인 독도가 유엔 해양법협약 제121조에서 말하는 암석에 해당한다고 판단하기 때문이다. 그 영토가 협약 제121조상의 섬이든 암석이든 우리 영유권의 공고함에는 아무런 차이가 없다. 특정 영토를 제121조상의 섬으로 보면 영유권이 더 강해지고 제121조상의 암석으로 보면 영유권의 수준이 떨어지는 것이 결코 아니기 때문이다.

추정컨대, 과거 우리 정부는 울릉도를 기점으로 하더라도 이미 독도가 우리의 배타적경제수역 안에 깊숙이 들어오게 되는 상황에서 양국이 독도를 두고 서로 기점이라고 주장함으로써 해양경계획정 담론이 독도 영유권 분쟁화 담론으로 전환 내지 변질되어 일본의 독도 분쟁화 전략에 말려드는 상황을 막으려는 의도가 있지 않았나 생각된다. 어쨌거나, 유엔 해양법협약의 내용을 알지 못하는 사람에게는 일부 학자들의 비판론이 그럴듯하게 들릴 수 있고, 정부의 어처구니없는 태도가 참으로 한심하게 보였을 것이다. 그러나 독도를 EEZ의 기점으로 삼지 않았기 때문에 영유권이 손상되었다는 주장은 유엔 해양법협약의 내용과 법리적 이론을 외면하고 진실을 왜곡하는 거짓선동에 불과하다.

다른 한편으로, 법리적으로는 당시 우리 정부의 울릉도 기점론에 전혀 하자가 없었다고 하더라도 어차피 해양법협약 제121조의 해석이 주관적으로 달라질 수 있다면 굳이 우리가 독도를 배타적경제수역의 기점으로 삼을 수 없는 암석이라고 먼저 나서서 해석할 필요는 없지 않은가 하는 반론을 제기할 수도 있을 것이다.

충분히 일리 있는 지적이다. 사실 울릉도가 아닌 독도를 기점으로 하여 일본 본토 방향(동쪽)으로 우리 측 배타적경제수역 주장 범위를 좀 더 확장한다 해서 얻을 수 있는 실익이 얼마나 있는지는 의문이다. 그럼에도 일본과의 해양경계획정이 당장 타결될 것도 아니라면 굳이 전문가가 아닌 일반인들이 볼 때 오해하기 쉽고 일부 선동가들에게 선동의 빌미만 주는 이론적으로 도도한 입장을 취할 필요는 없었다는 정치적 판단을 해볼 수도 있을 것이다. 따라서 지금 우리 정부의 변경된 입장처럼 독도를 배타적경제수역의 기점으로 삼는 것도 해롭지 않을 것으로 생각된다.

다만, 배타적경제수역의 기점 여부가 영유권 존부의 기준인 양 객관적 진실을 왜곡하는 것은 그야말로 '다케시마가 일본해에 가라앉는' 소리라는 점을 지적하고 싶을 뿐이다.

한일어업협정

셋째, 1998년에 체결된 신(新)한일어업협정이 독도 영유권을 손상시킨 나쁜 조약이라는 주장이 꾸준히 제시되고 있다.[21] 이 협정에서 독도가 한일 양국의 '중간수역'에 포함되어 있어서 한국의 영유권을 우리 스스로 포기한 것이라는 주장이다. 이 주장은 언뜻 그

---

21 체결된 지 십년이 넘는 협정을 신(新)협정이라고 부르니 어색하지만 기존의 1965년 한일어업협정을 대체한다는 차원에서 신협정이라고 불러왔다.

럴 듯해 보인다. 우리의 영토인 독도를 국제문서에서 버젓이 우리 영토가 아닌 중간수역에 포함시켰다니 도대체 공무원들은 무슨 생각을 갖고 있는 것인지 이해할 수 없는 노릇이다. 아무리 암기 위주의 시험을 통해 선발된 공무원이라 하더라도 최소한의 상식조차 없다는 말인가? 수년 전 필자는 서울 명동 한복판에서 열댓 명의 젊은이들이 독도를 지켜야 한다며 한일어업협정 폐기 촉구 유인물을 나눠주고 있는 모습을 보았다. 그들은 한물 간 모 정치인과 함께 그 거리를 누비고 있었다. 그들이 모두 하루치 일당을 받고 거리에 나선 아르바이트생은 아니었을 것이다. 아마 독도를 지키려는 순수한 생각에 밤잠 설치고 분노하며 명동으로 뛰쳐나왔을 것이다. 그러나 이 협정의 문구를 조금만 자세히 들여다보면 그렇게 흥분하며 명동까지 달려 나올 필요는 없었다는 점을 알 수 있었을 것이다. 한일어업협정은 독도 영유권과 무관하기 때문이다.

우선, 이 협정 스스로가 어업에 관한 사항 외의 국제법상 문제에 관한 양국의 입장을 해하는 것으로 간주되어서는 안 된다고 명시적으로 규정하고 있다(제15조). 즉, 어업 외의 영토 문제 또는 해양경계 문제에서 이 협정은 아무런 법적 가치를 갖지 못한다. 이 협정은 우리의 독도 영유권을 강화시켜주거나 일본의 영유권 주장을 포기시키지 않는다. 반대로, 이 협정 때문에 우리의 독도 영유권이 훼손되거나 일본의 영유권 주장이 강화되지도 않는 것이다.

또한, 독도가 중간수역에 포함되어 있다는 것도 그릇된 주장이다. 독도는 중간수역에 포함되어 있지 않다. 독도와 독도의 영해가 중간수역에 '둘러싸여 있다'라는 표현이 더 정확하다. 어업협정 해역도를 보면 중간수역 안의 왼쪽 부분에 구멍이 뻥 뚫려 있는데 거기가 독도의 영해다. 중간수역이란 양국의 배타적경제수역 주장이 겹치는 수역에서 당장 배타적경제수역 경계를 획정할 수 없기 때문에 일단 양국 어선들이 그곳에서 정상적인 조업활동을 하고 생계를 이어갈 수 있도록 어업관리체제를 만들어놓은 것이다. 그러나 독도 주변을 직접 둘러싼 수역은 배타적경제수역이 아니라 독도의 '영해'로 간주되기 때문에 일본배가 들어와서 고기를 잡을 수 없다.[22] 독도와 그 영해는 중간수역이 아닌 것이다. 우리 영해인 부산 앞바다가 한일어업협정의 적용을 받지 않는 것과 마찬가지이다.

여기서 잠깐, 한 가지 이론적인 실험을 하나 해보자.

만일, 일본이 신한일어업협정 협상 당시 독도 영유권 억지주장을 깨끗이 포기했다면 이 협정은 오늘날 어떤 모습을 하고 있을까? 어차피 가설적 상황이니 마음대로 상상할 수 있겠지만, 필자가 보기엔 지금의 신한일어업협정과 크게 다르지 않을 수도 있을 것 같다. 즉, 독도가 우리 영토라는 점을 일본이 순순히 인정하더라도 지금의 협정에서처럼 독도와 그 영해가 중간수역에 둘러싸일 수

---

22 앞에서 독도가 배타적경제수역을 가질 수 있는 섬인지의 여부에 대해 이론이 있을 수 있다고 언급했는데 이와 무관하게 섬이든 바위든 모든 영토는 영해를 갖는다. 독도가 해양법상 바위로 간주되더라도 영해를 갖는다.

있다는 말이다. 이는 독도 영유권과 별개로 한일 양국이 복잡한 배타적경제수역 경계획정에 합의하기가 쉽지 않을 것이기 때문이다.

만일 동해의 드넓은 바다가 한일 각각의 배타적경제수역으로 명확하고 깔끔하게 분할될 수 있다면 지금처럼 복잡한 수역도와 조업관리체계를 가진 협정이 필요 없을 것이다. 그냥 각국 어민들은 자국의 배타적경제수역에서 조업활동을 하면 되고, 유엔 해양법협약에 나온 원칙에 따라 일정한 조건하에서 상대방 국가 어민들이 자기 국가 해역에 들어와서 조업할 권리를 적절히 인정해주면 그만이다. 그러나 도서 영유권 문제가 없더라도 원래 바다의 경계라는 것은 좀처럼 합의보기가 쉽지 않은 문제이다. 우리나라는 일본뿐만 아니라 중국과도 해양경계를 획정하지 못하고 있는 상황이다. 우리나라와 중국 사이에는 독도 같은 영토 문제가 존재하지 않음에도 불구하고 해양경계획정에 합의를 보지 못하고 있다.[23]

유엔 해양법협약이 발효(1994년)되면서 어업체계는 큰 변화를 겪었다. 한중일 3국이 모두 해양법협약 당사국이 되면서 저마다 배타적경제수역을 주장하기 시작했고 서로의 배타적경제수역 주장 해역은 겹칠 수밖에 없었다. 그러나 경계획정은 하루아침에 이루어질 수 없는 요원한 과제였다. 이러한 상황에서 새로운 어업협정

---

23 이어도 문제가 있지 않느냐고 반문할 수도 있겠지만, 이어도는 독도와 전혀 성격이 다른 문제이다. 이어도에 대해서는 뒷부분에서 다룬다.

이 필요해졌다. 양국 간 배타적경제수역 경계가 명확히 획정되지 않았다고 해서 우리 어민들에게 갑자기 일본의 수역과 겹치는 곳에서는 예전에 하던 조업활동을 중단하라고 할 수도 없고, 조업관리체계가 명확하게 설정되지도 못한 곳에 가서 정부는 책임질 수 없으니 어부들이 알아서 맘대로 하라고 할 수도 없는 노릇이다. 따라서 어쩔 수 없이 해양경계획정이 이루어지기 전까지 어업협정을 통해 잠정적인 어업관리체계를 만들 수밖에 없었다. 이 경우, 한국의 입장에서는 독도와 일본의 최서단 오키 섬 사이를 적절히 나누는 중간수역을 주장할 수 있겠으나 일본의 입장에서는 — 일본이 독도를 한국 땅이라고 인정하더라도 — 상주인구도 적은 작은 섬 독도와 2만여 명이 넘게 살고 있는 오키 섬을 동등한 기준점으로 받아들이기 어려울 수 있다. 협상이 진행되다보면 여러 가능한 타협지점 중 하나는 독도의 배타적경제수역 설정 효과를 배제하고 울릉도와 오키 섬 사이의 바다를 적절히 나누어 독도 영해를 제외한 그 주변수역을 중간수역으로 설정하는 것이다.

즉, 일본이 독도 영유권에 대해 억지주장을 펼치지 않는 평행우주에서조차 최종적인 해양경계획정이 쉽지 않기 때문에 결국 하나의 과도기적 잠정 조치로서 현재의 한일어업협정과 유사한 모습의 어업협정이 나올 수 있을 것이란 말이다. 물론, 이미 언급했듯이 이것이 유일한 타협안이라는 말은 아니며 가설적 상황에서 생각해볼 수 있는 여러 가지 평행우주의 최종타협안들 중 하나라는 뜻이다. 그리고 위에서 이미 살펴보았듯이 독도가 배타적경제수역 효과를 갖지 못하더라도 그것은 우리의 독도 영유권에 아무런 영향을 미치지 못한다. 하물며, 일본이 독도 영유권을 주장하지 않는 가상의 상황에서는 더더욱 말할 필요도 없을 것이다. 이렇게 가상적인 상황을 생각해보면 우리가 살고 있는 현실 우주의 한일어업협정이 독도 영유권과는 무관하다는 점을 재확인할 수 있다.

한일어업협정이 대한민국 국민의 주권과 영토권을 침해했으며 독도를 한일 중간수역에 포함시킨 것이 우리 영토인 독도의 영유권을 포기한 것이라면서 한국 정부를 상대로 우리나라 헌법재판소에 소송이 제기되기도 했다. 그 사건에서 헌법재판소는 이 협정이 독도의 영유권 문제와 무관하다는 점을 재확인하면서 우리의 영토권이 침해되었다는 주장을 거부했다(2007헌바35, 2009.2.26).

한일어업협정은 독도 영유권 문제와 무관하다. 이 협정은 독도 영유권 문제를 건드리지 않으면서도 당시 새롭게 출범한 유엔 해양법 체제하에서 어민들의 조업권을 보장하기 위해 만들어낸 어업관리체계이다. 반대로 말하면, 이 어업협정으로 인해 우리의 독도 영유권이 더 강화되지도 않았고 일본의 독도 영유권 주장이 타격을 입지도 않았다. 그렇다고 해서 어업협정이 잘못되었다고 탓할 수 있을까? 어업협정은 영유권 문제에 대한 승부를 가르는 결투의 장이 아니다. 어업협상에서 우리의 선택지는 두 가지였을 것이다. 하나는 일본으로부터 독도 영유권 포기 각서를 받아내어 이를 바탕으로 해양경계획정까지 끝장내고 어업협정이 거의 필요 없을 정도로 상황을 종료시켜버리는 것이다. 다른 하나는 당장 해결하기 어려운 독도 영유권 문제와 해양경계획정 문제를 일단 보류하고 시급한 어민생계가 달려 있는 어업관리체제를 만드는 것이다. 정부는 두 번째 방안을 선택했다. 그것은 정상적인 국정철학을 가진 정부의 합리적인 선택이었다고 판단된다.

여기서, 독도와는 동떨어진 이야기이나 한일어업협정 체결 당시 언론보도들을 기억하고 있는 세대라면 '쌍끌이'라는 단어에 익숙할 것이다. 어쩌면 쌍끌이 자체보다는 '쌍끌이 파동'이라는 단어가 더 기억에 남아 있을지도 모르겠다. 요지인즉슨, 한일어업협정 과정에서 우리나라 정부가 엉터리로 협상을 하는 바람에 우리 쌍끌이 어선들의 조업권이 누락되었다는 이야기였다. 당시 쌍끌이는 우리나라 외교부와 해양수산부 관료들의 무능과 자국민 무시 성향을 결정적으로 보여주는 하나의 상징이 되어버렸다. 그러나 당시 이 문제에 깊숙이 관여하고 있던 관계자들, 특히 당시 국회의원이었던 고(故) 노무현 대통령의 증언에 의하면 이는 일부 언론에 의해 어이없이 왜곡되고 부풀려진 것이었다고 한다.[24]

---

24 당시 정부는 이미 협상 준비과정에서 쌍끌이 어업의 실태를 파악하고 협상에서 이를 충분히 반영했다고 한다. 그러나 보상을 염두에 둔 일부 어민들이 갑자기 말을 바꿔 자신들의 조어량이 누락되었다는 주장을 하고 나서자, 언론이 이를 대서특필하면서 문제가 되어갔다. 이러한 왜곡보도를 안타깝게 여긴 노무현 당시 의원은 해양수산부

바로 그 제3국, 미국

넷째, 미국에 대해서 생각해보자. 2008년 여름 미국에서 가히 독도 사태라고 부를 만한 충격적인 사건이 벌어졌다. 미국 지명위원회(Board on Geographic Names: BGN)가 자신들의 홈페이지 외국 지명 검색란에서 독도를 '한국' 소속에서 '주권 미지정'으로 바꿔버렸다. 우리 언론은 이 충격적인 소식을 접하자 주미 한국대사관과 우리 정부가 동맹국 미국으로부터 뒤통수를 세게 맞았다고 강하게 비난했고, 각계각층의 전문가들은 우리 정부 책임자의 경질을 주장하면서 그냥 산 채로 묻어버리자고 외칠 기세였다. 주미 대사관을 중심으로 한 우리 정부의 끈질긴 노력 끝에 다행히 미국 측은 BGN 홈페이지의 독도 영유권을 '한국'으로 원상복귀시켜 놓았다. 한국의 들끓는 여론에 놀란 미국 정부가 당시 부시 대통령의 방한을 앞두고 반미감정의 확산을 우려하여 진화작업에 나선 것이었다. 이와 비슷한 시기에 미 의회도서관은 독도 관련 주제어를 독도에서 리앙쿠르 암석(Liancourt Rocks)으로 바꾸려는 움직임을 보이기도 했는데, 한국계 사서들의 대응에 힘입어 이를 취소하는 해프닝도 발생했다. 두 사건 모두 결과적으로는 아무 것도 달라지지 않

공무원들에게 왜 있는 그대로의 사실을 알리지 않느냐고 질책했으나 해수부는 자신들의 이야기는 언론이 실어주지 않는다고 하소연했다고 한다. 실제 그 이후 일본 수역에서 쌍끌이 조업실적은 별로 없었다고 한다. 노무현, 『노무현의 리더십 이야기』(행복한 책읽기, 2002).

았으나 그 과정에서 우리 국민들은 커다란 충격을 받았고, 특히 정부 관계자들은 지옥을 다녀온 느낌이었을 것이다.

앞에서 독도 문제와 관련하여 법적인 문제와 정치적 문제를 구별해야 한다고 강조했는데, 이 사건들 역시 엄밀히 말해 독도 영유권의 '법적' 차원에서 보면 무의미한 사건들이다.

이유는 간단하다. 미국은 독도 영유권을 심판할 자격이 없기 때문이다. 미국 정부 소속기관인 BGN이 독도를 어느 나라로 표기하든 독도의 법적 지위에는 아무런 영향이 없다. 영토 귀속을 BGN 홈페이지에 의거하여 결정하는 경우란 존재하지 않는다. 미 의회 도서관이 독도를 독도라 부르든 리앙쿠르 암석이라 부르든 독도의 영유권에는 아무런 영향을 미치지 못한다. 리앙쿠르는 과거 독도를 관찰하고 기록한 프랑스 선박에서 연유한 이름인데, 이 이름이 독도를 지칭하는 데 사용된 적이 있기 때문에 한일 간 영토 문제에서 한 걸음 떨어져 있으려는 사람들에게는 이 이름이 편하게 느껴질 수도 있을지 모르지만, 그렇다고 해서 리앙쿠르라는 이름 자체가 일본의 독도 영유권 주장을 인정한다든가 한국의 독도 영유권 주장을 부인하는 것으로 해석되지는 않는다. 미국 BGN의 조치가 우리의 영유권을 침해한다고 보는 것은 감정적·정치적 차원에서는 맞는 말일 수 있지만 법적으로는 아무런 영향이 없다는 점은 분명히 할 필요가 있다. 2008년 여름 뜨거운 전 국민적 분노 속에서 이러한 점은 간과되는 경향이 있었다.

이에 대해, 세계 최강대국인 미국이 독도를 어떻게 표기하느냐가 독도 영유권 문제에 영향을 미치지 않을 수 없다는 반론이 제기될 수 있을 것이다. 이 반론에 대한 대답을 위해서는 다시 원점으로 돌아갈 수밖에 없다. 그것은 정치적 차원에서 특정 형태의 이슈가 될 수 있을지는 몰라도 법적인 영유권에는 아무런 영향이 없다. 영유권의 문제는 본질적으로 정치가 아닌 법의 문제임을 직시해야 할 것이다.

그럼에도 미국이 불필요한 현상변경 조치를 통해 이 문제에 개입하는 듯한 모습을 보여 한국의 여론을 자극한 것은 심하게 어리석은 짓이 아니었나 생각된다. 미국이든 어느 나라든 우리나라의 독도 영유권을 조금이라도 깎아내리는 것처럼 보이는 행동을 취하는 자들은 당연히 준엄하게 꾸짖고 설득해야 한다. 국민감정의 기저를 건드리는 행위를 정부가 보고만 있을 수는 없는 노릇이다. 따라서 우리 정부가 BGN 표기에 대해 지속적으로 관심을 갖고 미국을 설득하는 것은 '정치적으로' 유의미한 일이라는 사실에는 이론의 여지가 없을 것이다.

그렇다면 여기서 독도 홍보의 필요성이 확인되는 것일까? 결론부터 이야기하자면 BGN의 표기 문제와 홍보는 별개라고 생각된다. 감동적인 또는 재치 있는 '홍보'를 한다고 해서 미국 정부 관계자들의 독도 문제에 대한 입장을 바꿀 수 있다고 보는 것은 다소 순진한 생각이다. 제3국 간 영토 문제에 대해 관여하거나 의견을 갖지 않는다는 원칙적 입장을 견지하고 있는 미국 정부가 독도 문제에서 아시아의 두 동맹국인 한국과 일본의 입장 중 어느 한 편을 들어줄 것이라고 기대하는 것은 무리다. 미국 정부를 공략하는 가장 올바른 방법은 독도 문제에 대한 '홍보'가 아니다. 근본적인 역사적 진실에 대한 깊이 있는 지적인 토론 노력을 지속해가는 것과 병행하여 미국에 대해 독도 문제의 민감성을 충분히 주지시키고 우리 국민과 네티즌 무서운 줄 알면 독도 문제에 대해 함부로 끼어들지 말라고 '경고'하는 것이 정답이라고 생각된다.[25]

대통령의 독도 방문과 해병대 주둔

대통령이 독도를 방문해야 한다는 주장도 종종 제기되어왔다. 러시아의 메드베데프 대통령은 일본과 갈등을 빚고 있는 쿠릴 열도를 직접 방문했는데, 도대체 한국 대통령은 무엇이 두려워 독도 방문을 거부하고 있느냐는 말이다. 일본 무명 의원들이 울릉도에 찾아가겠다며 우리나라 공항에서 소동을 부리자 대통령의 측근으

---

25 이와 관련하여, 과거 제2차 세계대전을 정리하고 평화협정을 체결하는 과정에서 독도를 둘러싼 복잡한 외교전이 벌어졌다는 것은 주지의 사실이다. 그러나 이 과정에서 미국이 일본의 로비를 받아 우리의 입장에 도움 되는 일을 하지 못한 '괘씸죄'를 현재까지 연장해서 미국이 독도 문제를 일본에 유리한 방향으로 해결하려고 노리고 있다는 식의 주장이 종종 제기되는데, 아무리 미국에 대한 엄정한 비판적 태도를 견지한다 하더라도 이러한 주장은 객관적 타당성을 결여한 음모론에 가까운 주장이라고 봐야 할 것이다.

로 알려진 모 장관이 직접 독도를 지키겠다며 1일 초병체험을 하기도 했지만, 대통령의 측근이 가는 것만으로는 여전히 부족하다는 것이다. 결국 이명박 대통령이 2012년 8월 10일 우리나라 현직 대통령으로서는 처음으로 독도를 방문했다.

이미 몇 차례 언급했듯이 독도와 관련된 조치나 입장을 평가할 때 법리적 측면과 정치적 측면을 나누는 것이 타당하다고 본다. 대통령의 독도 방문도 마찬가지다. 법리적 측면에서 볼 때 대통령이 독도를 방문한다고 해서 우리의 독도 영유권이 더 공고해지지도 않고 대통령이 독도에 가지 않았다는 사실 때문에 공고하던 우리의 독도 영유권이 흔들리지도 않는다. 위에서 이미 살펴보았듯이 지금 독도에 대해 뭔가 더 해봤자 우리의 영유권 공고화와는 무관하기 때문이다. 대통령의 독도 방문도 마찬가지여서 그것이 갖는 법리적 효과는 독도 선착장에 시멘트 한 겹 더 바르는 것과 별반 차이 없을 것이다. 그러나 정치적 차원에서는 시멘트를 한 겹이 아니라 십만 포대쯤 퍼붓는 효과가 있지 않을까? 대통령이 독도에 서서 우리 경비대원들과 함께 활짝 웃으며 찍는 사진은 우리의 독도 영유 사실을 전 세계에 널리 홍보하고 일부 국민들의 속을 시원하게 해줄 수 있다. 반면, 전 세계 언론이 독도 '분쟁'을 조명하는 기회를 제공하고 일본이 우리 대통령의 독도 방문을 핑계 삼아 악다구니처럼 물고 늘어지며 독도 '분쟁'을 더욱 활활 타오르게 만들 수도 있을 것이다. 대통령 방문을 주장하는 사람들은 우리가 그렇게 단호한 태도를 보여야 일본의 영유권 주장을 꺾을 수 있다고 보는 것 같다. 그러나 과연 일본이 우리나라 대통령의 독도 방문을 보고 100년 이상 주장해온 독도 영유권을 접을 것으로 기대할 수 있을까? 독도에 청와대를 지으면 일본이 무릎을 꿇을까? 그 누구도 쉽게 대답할 수 없을 것이다. 일본이 우리나라 대통령의 독도 방문에 대해 앞으로 어떤 태도를 보일지 계속 지켜봐야 할 테지만, 일단 대통령의 독도 방문과 이후 대응은 정부와 정치권의 예민한 정무적 판단에 달려 있는 사안이라고 보아야 할 것이다. 그러나 어떤 결론을 내리든 대통령의 독도 방문이 우리의 독도 영유권을 공고하게 하는 법리적 효과는 전혀 없다는 점을 기억할 필요가 있다.

독도에 해병대를 파견하는 문제도 마찬가지다. 해병대가 없다고 해서 우리의 영유권이 훼손되지는 않는다. 오히려 많은 전문가들이 지적하듯 우리 스스로 분쟁지역임을 자인하는 것에 불과할 수도 있다. 게다가 이미 우리의 해경과 경비대가 잘 지키고 있는데 해병대를 파견하자고 주장하는 것은 영토수호의 최전선에서 온갖 역경을 이겨내며 독도를 튼튼히 지키고 있는 우리 경찰과 해경에 대한 모욕이라고 할 수 있다.

한마디 덧붙이자면 다수의 언론에서 이미 지적했듯이 유력 정치인이 독도에서 소총을 들고 초병체험을 하는 것도 영유권 강화와는 무관한 정치적 쇼에 불과하다. 만일 우리가 정치인들이 무력충돌에 대비하여 경계태세를 강화하는 모습을 보길 원한다면, 그냥 여의도 국회의사당의 법안통과 장면을 보면 되지 않을까?

✎ 독도 소송 대비론?

먼저 우리 사회의 대표적인 원로 지식인이신 신용하 교수님의
2011년 12월 《조선일보》 기고문을 일부 인용해보도록 한다.

외교통상부가 국회에 제출한 2012년도 독도 예산안에 국제재판 소송절
차 매뉴얼 작성, 국제소송 시 사용될 증거문서 영문화 작업, 해외소송 전문
가 네트워크 구성 등의 비용 수억 원이 신청되어 있다. 마치 한국 정부가
일본 정부의 요청에 응하여 독도를 국제사법재판소의 재판에 부치
려고 준비하는 것처럼 오해를 받을 수 있는 예산신청이다. …… 한
국은 이미 국제사회와 국제법에서 공인된 대한민국의 독도 영유권
을 일본이 요구한다고 해서 국제재판에 가져가는 어리석은 모험을 해서
는 절대 안 된다. 독도는 국제재판이 필요 없는 대한민국의 완벽한 영
토이다. 외교부가 할 일은 국제재판을 준비하는 것이 아니라, 한국 독도 영
유권의 진실을 국제사회에 적극 홍보하는 일이다. …… 대한민국이 국제
재판을 거절하면 독도 영유권은 아예 국제재판소의 안건조차 되지
않는 것이다. 사실이 이러한데 한국 외교부가 '국제재판 관련 소송절차 매
뉴얼' 등을 준비하는 예산을 신청했다니 얼마나 어리석은 일인가? 한국의

독도 영유권 자체에는 지금도 하자가 없다. 문제가 생긴 것은 최근 독도 영유권 관리상의 허점 때문이다. 1996년 일본이 독도를 일본 EEZ 기점으로 채택했을 때 한국은 1997년 울릉도를 한국 EEZ 기점으로 채택했고, 1999년 신(新)한일어업협정에서는 독도를 한일 공동 수역이라고 하는 중간수역(中間水域)에 넣었다. 이것은 일본의 전술에 속아서 독도 영유권 관리에 허점이 생긴 것이다. 따라서 독도 영유권을 국제재판에 부칠 일이 아니라 관리상의 허점을 교정해야 한다. ······ [26] (강조는 필자)

결론적으로 말해, 신용하 교수님의 평생에 걸친 뛰어난 학문적 업적과 선구자적 지식인으로서의 깊이 있는 통찰과 식견에 대해서는 그 누구도 이의를 제기할 수 없을 것이나, 이 칼럼 내용에 대해서는 반론을 제기하지 않을 수 없다. 물론, 우리는 독도를 국제재판으로 가져가는 "어리석은 모험을 해서는 절대 안 된다"는 점에 대해서는 전혀 이견이 없다. 그러나 앞서 논의했듯이 "독도 영유권의 진실을 국제사회에 적극 홍보하는 일"에 대해 회의적이며, 울릉도 EEZ 기점이나 신한일어업협정과 같은 "최근 독도 영유권 관리상의 허점" 때문에 독도 영유권에 문제가 생겼다는 의견에도 동의하지 않는다는 점을 이미 밝혔다. 여기서는 한국 외교부가 '국제재

26 신용하, "독도 국제재판 준비 예산은 필요 없다", ≪조선일보≫, 2011년 12월 6일, A30면.

판 관련 소송절차 매뉴얼'을 준비하는 예산을 신청한 것이 과연 "얼마나 어리석은 일"인지에 대해 생각해보고자 한다.

재판이라는 것은 실체적 진실을 밝혀가는 과정이다. 우리는 멋진 형사들과 법조인들이 등장하는 수많은 드라마와 영화, 특히 법정물에 탁월한 비교우위를 보이고 있는 미국 드라마를 통해 그 실체적 진실을 찾는 일이 얼마나 어려운지 잘 알고 있다. 오랜 역사를 갖춘 〈로앤오더(Law and Order)〉 시리즈부터 최근 방영되고 있는 〈굿와이프(Good Wife)〉 등 수많은 미국 법정드라마를 보자. 교활한 변호인이 소송절차법을 교묘히 이용하여 결정적인 증거를 기각시키거나, 검찰 측 증인의 얼을 쏙 빼놓는 집요한 심문을 통해 또는 증인의 과거사나 개인적 약점을 이용해 증언의 신뢰성을 흔들어놓기도 한다. 검찰 측도 무고한 용의자의 약점을 이용해 사형선고나 무기징역을 받을 수 있다는 협박을 가하여 10년 또는 20년의 형량협상(plea bargain)을 받아들이도록 몰아넣기도 하고, 피고인이 사소한 거짓말을 하도록 유도한 후 이 거짓말을 바탕으로 다른 범죄 혐의를 뒤집어쓰도록 속이기도 한다.

이렇게 소송당사자들이 실체적 진실을 왜곡할 수 있는 이유 중 하나는 그 어떠한 진실도 제3자의 눈에는 그다지 자명하지 않을 수 있다는 점에 있다. 칼에 찔려 살해된 여성이 쓰러져 있는 침실에서 피 묻은 칼을 손에 들고 걸어 나온 남자는 정황상 그 여성을 살해한 범인일 가능성이 매우 높지만, 그 남자가 미국 드라마에 나오는 유능한 형사전문 변호사를 고용한다면 상황이 달라질 것이다. 그 변호사는 일단 남자가 그 여성을 직접 찌르는 것을 본 사람이 아무도 없다는 사실부터 시작하여 하나둘씩 경찰과 검찰의 증거를 격파해갈 수 있다. 설사 남편이 직접 아내를 찌르는 장면을 목격한 증인이 있어도 그 증인은 변호인의 반대심문 끝에 결국 자신이 뭔가를 잘못 봤다고 인정해야 할지도 모른다. 어쩌면 그 증인은 과거부터 거짓말쟁이라는 평판을 달고 살았던 사람으로 밝혀질 수도 있다. 현실에서도 이와 유사한 상황은 흔히 벌어진다. 미국 사람들은 누구나 O. J. 심슨이라는 유명한 미식축구 선수가 아내를 살해했다고 믿고 있지만 그는 결국 무죄판결을 받았다. 형사사건뿐만이 아니다. 재산 분쟁이나 기업들 간의 거래를 둘러싼 소송에서도 실체적 진실의 발견은 참으로 어려운 과정이다.

평생 착한 일만 하며 살아온 사람이 우연찮게 살인 현장 근처를 지나가다가 살인범으로 억울하게 몰린 경우, 그 사람은 그 범죄와 무관하다는 사실만 믿고, 그리고 자신이 얼마나 착한 사람인지만 믿고 재판에 나가서는 안 된다. 그에게는 변호사가 필요하다. 일단 용의자를 하나 붙들면 결코 쉽게 놓아주지 않는 경찰과 검찰의 공격에 맞서 복잡한 소송절차와 규칙에 따라 열심히 방어해줄 전문가가 필요하다. 일면식도 없는 판사와 배심원이 그 사람을 무턱대고 믿어주지 않기 때문이다.

독도에 대해서도 마찬가지의 논리를 적용할 수 있다고 본다. 독도를 국제재판으로 가져가는 것은 한국의 입장에서는 결코 용납할 수 없는 상황이다. 그러나 독도에 대한 국제재판을 가정하고 그러한 상황에서 국제재판의 소송절차와 규칙에 맞는 최상의 소송전략을 준비해두는 것은 어찌 보면 독도를 완벽하게 지키기 위한 필수 절차라고 볼 수도 있다.

특히, 독도 영유권 증거 자료들은 상당수가 20세기 초 또는 그 이전의 자료들이다. 정상적인 교육을 받은 한국인들도 상세한 해설이 곁들여지지 않으면 무슨 뜻인지 이해할 수 없는 자료들이 대부분이다. 우선 한자를 이해해야 하고, 독도라는 이름 대신 우산도라는 이름이 오랫동안 쓰였다는 사실도 이해해야 하며, 조선 숙종 당시 한일 간 울릉도 분쟁이 갖는 복잡한 역사적 의미도 알아두어야 한다. 대한제국 칙령에 나온 석도가 독도라는 점을 확실하게 이해하기 위해서는 한자 훈독의 체계와 그 당시 돌과 독이라는 단어가 어떻게 치환되어 사용되었는지도 알아야 한다. 그리고 독도를 '편입'했다는 일본의 시마네 현 고시가 왜 법적으로뿐만 아니라 역사적으로도 온당하지 못한 것인가를 이해하기 위해서는 일본 제국주의 침략의 역사적 맥락을 충분히 이해해야 한다. 상황이 이러함에도 불구하고, 국제법정에 앉아 있는 재판관들의 대다수는 한자를 모르고 동아시아의 문화와 역사에 대해 전문적인 식견이 없는 사람들이다. 그들은 국제법 전문가이지 동아시아 문화 전문가가 아닌 것이다. 또한, 그들은 모든 분쟁을 제3자의 입장에서 최대한 객관적으로만 보는 데 익숙해져 있는 사람들이다. 한 국가의 민족적 분노라든가 또 다른 국가의 역사왜곡 습성에 대해서는 별로 관심이 없다. 따라서 우리에게는 독도 영유권을 입증해주는 수많은 역사적 사건과 자료를 국제법의 틀에 맞추어 법률전문가인 제3자(재판관)에게 설득력 있는 언어와 논리로 전환시켜줄 전문가가 필요하고, 그러한 일을 할 돈과 시간이 필요하다.

독도 문제가 국제법정에서 다루어진다고 가정해보자. 여기서 한국은 독도가 한국 땅이라는 자명한 사실을 믿고 국제소송 전문가를 고용하지도 않고 특별한 소송 전략도 없이 그간 확보된 모든 영유권 자료를 영어와 프랑스어로 번역해서 보기 좋게 프리젠테이션할 준비를 했다. 반면, 일본은 국제재판 경험이 많은 최고의 국제소송 전문가를 고용해서 재판에 임한다고 치자. 과연 누가 이 재판에 이길 것인가? 아무리 실체적 진실이 우리 편에 있다 하더라도 이러한 상황에서라면 일본이 승소할 가능성이 충분히 있다고 본다. 한국의 홍보 전문가가 예쁘게 만든 영유권 증거자료에 대해 노련한 일본 측 변호인단은 몇 가지 교묘한 논리를 제시함으로써 독도 문제에 대해 깊이 연구해본 경험이 없는 재판관들의 마음속에 한국 측 자료에 대한 불신의 씨앗을 얼마든지 심어놓을 수 있다. 한국 측이 마찬가지로 교묘하고 노련한 변호인단을 내세워서 일본 측이 던져놓은 불신의 씨앗을 적시에 간파하고 시의 적절하게 고사시키지 않는다면, 그 씨앗은 점차 자라나 재판관의 시야를 흐리는 잎이 무성한 나무가 될 수도 있다. 일본은 재판관들에게 독도가 일본 땅이라는 점을 설득시키지는 못하더라도 독도가 한국 땅이라는 너무나 자명해 보이던 사실들이 그다지 자명하지 않다는 생각을 갖게 만들 수도 있다. 누구나 남편이 아내를 살해했다는 사실을 알고 있음에도 변호인이 검찰보다 뛰어난 소송전략을 택하여 남편이 무죄로 풀려나는 상황과 비슷해지는 것이다.

우리로서는 높은 수준의 지성과 판단력을 갖춘 국제재판관들이 독도가 한국 땅이라는 자명한 진리를 이해하지 못한다는 사실을 받아들이기 어렵겠지만, 유능한 변호사라는 사람들이 하는 일이 원래 그런 것이다. 불확실성은 소송의 본질적인 속성이다. 그 불확실성을 감소시키고 제거하기 위해 우리는 더 유능한 변호사를 고용하고 더 치밀한 소송준비를 할 수밖에 없는 것이다.

우리 정부는 당연히 독도를 재판정에 가져가는 황당한 일이 없도록 만전을 기해야 하겠지만, 그렇다고 해서 독도 영유권 재판이 벌어지는 가상적 상황에 아무런 대비를 하지 않고 있다면 그것은 직무유기라고 봐야 할 것이다. 게다가 독도 재판에 대비한 영유권 논리는 일반적인 상식 차원의 논리를 뛰어넘어 복잡한 소송규칙과 절차에 근거한 치열한 법정의 논리로 업그레이드되어야 하기 때문에 충분한 검토와 연구를 통해 미리미리 준비해둘 필요가 있다.

앞서 살펴보았듯이 실효성도 없는 독도 홍보에만 치중하면서 소송은 가상적 상황에 불과하다는 이유로 이에 대비하지 않는다면 반쪽짜리 영유권 수호에 불과하다. 독도는 우리나라의 역사를 지켜가는 데에서 가장 중요한 섬이다. 그런 섬을 지키기 위해서는 반쪽짜리가 아닌 100퍼센트 나아가 200퍼센트의 준비가 필요하다. 그래서 '국제재판 관련 소송절차 매뉴얼'을 준비하고자 하는 외교부의 예산 신청이 그다지 어리석은 일로 보이지 않는다. 물론, 그렇게 확보한 예산을 효과적으로 잘 사용하지 못한다면 어리석은 일일 것이다.

✔️ 우리에게 독도는, 독도에게 우리는

독도는 한국에게 단순한 섬 이상의 의미가 있다. 망망대해 한복판에 솟아오른 독도의 자태는 언제나 우리를 매료시킨다. 그것은 단지 끝없이 펼쳐진 하늘과 바다의 세계에 외롭게 존재하는 땅덩어리의 도도하고 경이로운 모습 때문만은 아니다. 독도에서 열린 바다를 건너 수 시간을 더 나가면 일본의 영해와 영토에 다다르게 된다. 바다에는 그 어떠한 선도 그어져 있지 않다. 그러나 한국인에게 독도는 바로 '땅 끝'이었고 반드시 수호해야 할 집단적 정체성의 가장 바깥에 있는 경계이다. 이러한 상징성은 어느 국경에서나 느껴질 수 있겠지만 독도는 특히 통렬한 역사적 감정이 응축된 곳이기에 독도에 대해 우리가 느끼는 애정과 경외감은 자연의 신비만으로는 설명될 수 없는 정치사회적 측면을 가진다.

따라서 독도 문제가 불거질 때마다 네티즌들이 격한 감정을 느끼며 키보드가 부서져라 댓글을 달아대고 정치인들과 전문가들이 저마다 소리 높여 독도에 대한 실효적 지배를 강화하라든가 독도 홍보에 더욱 박차를 가하라고 주장하는 것은 충분히 이해할 수 있는 현상이다.

그러나 우리나라는 이제 우리의 영토에 대해 불안감을 느끼고 필요 이상의 방어기제를 가동해야 하는 그런 수준의 사회적 발전 단계는 벗어나지 않았나 싶다. 국제사회는 더 이상 한국을 제국주의 열강의 침략 야욕에 벌벌 떨어야 하는 약소국으로 보지 않는다. 한국은 그동안의 정치경제적 성장에 걸맞게 보편적인 인류의 가치를 그럴듯하게 옹호하고 가난하고 약한 나라의 사정도 잘 돌보면서 복잡한 국제문제에 대해 미래지향적인 소리도 점잖게 해야 하는 그런 나라가 되어버렸다. 물론 그 와중에 챙길 국익은 다 챙겨야 한다. 현실주의적 국제사회의 본질은 여전하기 때문이다. 그러나 전 국민이 건드리면 폭발할 것 같은 맹수처럼 으르렁대며 과격한 감정분출에 입각한 영토수호에 골몰하는 그런 나라로 비춰지기엔 그동안 우리가 기적처럼 쌓아온 근대사의 성과가 너무나 아깝다. 경제성장뿐만 아니라 피와 땀과 눈물의 투쟁을 통해 이룩한 민주화가 우리에게 가져다준 국제사회의 존경도 너무나 소중하다. 한국은 영토수호도 훨씬 더 지적이고 세련되게 할 수 있는 충분한 여건과 능력을 갖고 있는 나라다. 이제는 사실과 사실 아닌 것을 구별하고, 바른 주장과 그릇된 주장을 가리면서 과도한 분노 폭발 없이 ―그리고 쓸데없는 예산 낭비 없이― 쿨하고 차분하게 독도를 지켜가는 방법을 모색해볼 때가 아닌가 싶다.

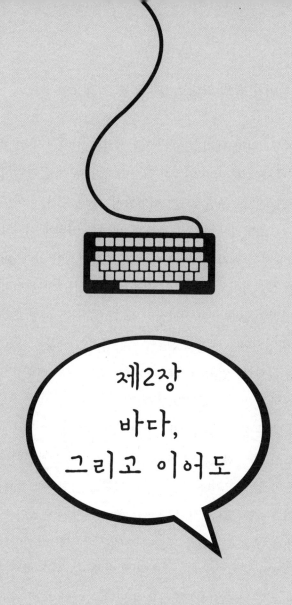

✎ 들어가며: 말 그대로 블루오션

바다는 우리나라 네티즌들의 댓글 생활에서 은근히 큰 비중을 차지하는 주제이다. 이미 언급한 독도가 해양 문제와 관련이 있음은 말할 것도 없고, 주변국과의 어업협정, 동해 표기, 이어도, NLL (북방한계선), 소말리아 해적 등등 모두 바다를 어떻게 이해하고 바라보고 활용하고 관리할 것인가의 문제와 연관되어 있다. 이 문제들에 대한 합리적이고 객관적인 접근을 위해서는 일단 법적 관점의 장착이 필수적이다. 이 시사적인 해양 이슈들은 사실 오랜 기간에 걸쳐 형성되어온 국제해양법의 직간접적인 규율을 받고 있기 때문이다. 국제해양법의 규범적 내용을 외면한다면 이러한 쟁점들에 대해 올바른 판단을 내리기 쉽지 않다.

그러나 대학 강의 또는 국가공무원 시험 준비 등을 통해 국제법을 접해보지 않는 한 해양법의 복잡한 규범체계를 완전히 이해하기 어려우며 실제 그러한 규범체계가 있다는 사실조차 모른 채 중년을 맞이할 수도 있다. 사실 국제법 관련 분야 수험생이 아닌 이상 해양법을 모르고 중년을 맞이하는 것은 건전한 상식인의 삶에 아무런 문제가 되지 않는다. 어쨌든 이번 장에서는 두꺼운 국제법 교과서를 눈살 찌푸리며 들여다보지 않아도 해양 관련 시사 쟁점들을 정확히 이해하고 판단할 수 있도록 국제해양법의 (알고 보면 상당히 흥미로운) 핵심 요체를 가능한 한 쉽고 간단하게 살펴본 후,

이어도와 대륙붕 문제에 대한 잘못된 상식과 우리 정부의 정책에 대해 이야기해보고자 한다.

✎ 뭔가 남다른 바다: 완전기초 해양법

바다는 옛날 옛적부터 서로 다른 문화권이 교류하고 소통하는 통로가 되어주었다. 여러 나라의 배들이 서로 스쳐가고 싸우기도 하고 거래도 하는 곳이었으며, 육지에 비해 물리적으로나 규범적으로 비교적 자유로운 통항이 보장되어온 곳이기도 했다. 따라서 국적에 상관없이 모든 뱃사람들에게 적용되는 규칙이나 규범 같은 것들이 자연스럽게 형성되어왔으며, 해양법이 전통국제법의 가장 중요한 부분으로 자리 잡은 것은 당연한 일이었다.

오랜 시간을 거치면서 형성되어온 독특하고 독자적인 관습법적 해양 규범체계는 20세기 들어 유엔 해양법협약이라는 커다란 하나의 협약체계로 집대성되었다. 이 해양법협약이 만들어지기까지는 온갖 우여곡절이 있었다. 20세기 중반에 시작된 국제사회의 해양법 성문화 작업은 중간에 소소한 몇 가지 분야별 협약을 만들어내다가 결국 1982년이 되어서야 유엔 해양법협약이라는 포괄적 단일 문서를 탄생시켰으며, 실제 그 협약이 발효된 것은 그로부터 12년이 지난 1994년이었다.

국제해양법의 특징을 나열하자면 한두 가지가 아니겠지만, 우리가 여기서 다루어보고자 하는 시사적 쟁점들에 비추어 무엇보다도 가장 흥미롭다고 할 수 있는 것은 해양주권 개념의 특수성이다. 우리는 주권이라는 말을 쉽게 사용하지만 사실 해양과 주권이라는 말이 100퍼센트 딱 어울리는 말인지 의심이 들 수도 있다.

국가는 국가 영토를 둘러싼 바다에 대해 일정한 범위까지 주권 또는 관할권을 행사한다. 그러나 그 주권 또는 관할권은 일반적으로 '주권'하면 떠올리는 그런 절대적이고 지고지순한 개념과는 약간 거리가 있다. 가끔씩 영해를 신성불가침의 해역처럼 생각하는 경향도 있지만 실제 영해가 어떤 곳인지 법적으로 따져본다면 과연 국가가 영해에서 제대로 된 주권을 갖고 있다고 말해도 되는 것인지 의심스럽기까지 하다. 배타적경제수역을 확대 또는 수호해야 한다는 말도 자주하지만 그 배타적경제수역이란 곳이 남의 나라 배와 항공기가 마음대로 지나다니고 그 경계조차 우리가 항상 마음먹은 대로 긋기 어려운 수역이라면 과연 배타적이라는 표현이 어울리기나 하는 것인지 의아해질 수 있다. 해양영토라는 말이 자주 사용되고 있는데, 실제 해양과 영토는 개념과 법적 함의에서 엄연히 차이가 있다. 국가의 해양 영역은 영토처럼 완전하게 배타적일 수 없다. 해양법 체제가 과거 먼 바다까지 강력한 함대를 내보낼 수 있었던 해양강국 주도로 성립되어오다 보니 영토국의 주권이 상당부분 희석되는 독특한 관행과 규범이 만들어진 것이다.

한마디로 해양에서 주권개념은 그렇게 딱딱하고 견고하지 않다. 이러한 소프트한 주권개념은 오늘날 세계화의 추세와도 부합하는 측면이 있다. 어쩌면 바다에서는 이미 오랜 옛날부터 세계화가 예고되고 시행되고 진전되어왔기 때문일 수도 있을 것이다.

바다의 종류

다소 교과서적인 접근일 수도 있겠지만 어쩔 수 없이 바다의 종류에 대한 개념을 먼저 명확히 할 필요가 있다.

기본적으로 바다는 육지영토에서 얼마나 멀리 떨어져 있느냐에 따라 그 육지국가가 바다에 대해 행사할 수 있는 주권과 관할권의 종류, 범위 또는 농도가 달라진다.

예컨대, 섬(영토)의 경우, 본토에서의 거리와 상관없이 그 섬 자체에 대해 국가가 실질적 주권을 행사해왔다는 점이 인정되면 그 섬을 자기 땅으로 만들 수 있다. 그러나 바다의 경우 순수하게 육지의 영유권에 따라 그 인접 바다에 대한 관할권이 결정된다.[1] 이렇게 육지를 기준점으로 바다는 영해, 접속수역, 배타적경제수역, 대륙붕, 공해로 나누어볼 수 있다.[2]

---

1 영유권이라는 표현은 육지영토 또는 섬에 대해서만 적용되며, 바다에 대해서는 영유권이라는 개념을 사용하지 않는다는 점도 유의해야 한다.
2 이 외에도 여러 개의 섬들로 구성된 나라의 경우 군도수역이라는 특수한 수역도 인정되고 있으며, 국제통항로로 이용되는 국제해협에서도 다소 특수한 통항제도가 적용되고 있다.

영해는 국가의 육지영토에서 12해리까지의 범위에 있는 바다로서 국가의 가장 강력한 주권이 미치는 해역이라고 할 수 있다. 흔히 국가영역이라고 하면 영토와 영해, 그리고 영공을 지칭하는데, 영토 위의 하늘과 영해 위의 하늘을 합쳐 영공이라고 부른다.

영해 밖으로 12해리(즉, 육지영토에서 12해리 지점으로부터 24해리까지)는 접속수역이라고 하여 연안국이 관세, 재정, 출입국, 위생 등에 대한 관할권을 행사할 수 있는 곳이다.

우리가 자주 듣는 배타적경제수역은 육지영토에서 200해리까지 범위에 대해 선포할 수 있는 수역으로서 바다 땅바닥(해저와 하층토)까지 포함하며, 이 중 영해를 제외한 부분이다. 연안국은 무엇보다도 배타적경제수역에서 해양 천연자원(물고기와 같은 생물자원 포함)의 개발과 관리에 대한 주권적 권리를 갖는다. 그 외에 다양한 권리도 있지만 일단 '경제'수역이라는 이름이 붙은 것은 이러한 해양 경제활동에 대한 권리를 중심으로 하는 수역이기 때문이다. '배타적'이라는 표현 때문에 타국의 선박이나 항공기가 함부로 침해할 수 없는 수역이라는 인상을 줄 수도 있으나 타국의 (어로활동이 아닌) 일반적인 선박 항행과 상공비행은 허용된다. 잠수함이 미꾸라지처럼 돌아다녀도 법적으로 견제할 수 없다.

대륙붕은 기본적으로 육지영토의 연장선상에 있는 바다의 땅바닥을 가리킨다. 옛날에는 수심 200m까지의 지역 운운하는 식으로 규정했으나 오늘날 유엔 해양법체계에서 대륙붕은 기본적으로 육지영토에서 200해리까지의 범위에 있는 바다 땅바닥(해저 및 하층토)이다. 그리고 200해리를 초과하는 육지의 자연적 연장에 대해서도 복잡한 규정을 통해 일정한 한도 내에서 대륙붕으로 인정하고 있다. 허나 이 책은 수면치료제가 아니므로 대륙붕의 범위에 대한 상세한 규정은 생략하겠다.

대륙붕 역시 이 바다의 땅바닥에 묻힌 각종 자원, 그리고 해저에만 딱 붙어서 기어 다니는 히키코모리(은둔형 외톨이) 같은 어족자원 등 경제적 권리 때문에 중요하다고 볼 수 있다. 200해리까지는 대륙붕과 배타적경제수역이 겹치기 때문에 대륙붕이 독자적 존재 의의를 갖지 못한다. 그러나 200해리를 넘어서는 대륙붕은 배타적 경제수역으로 포괄하지 못하는 고유의 국가 수역이 된다. 또한, 순수 개념 차원에서, 대륙붕은 육지영토의 자연적 연장으로서 당연한 국가의 영역이 되지만, 배타적경제수역은 국가가 선포(claim)해야 형성되는 수역으로 이해되어 약간의 차이가 있다.

마지막으로 공해가 있다. 여기는 자유로운 바다이며 그 어느 국가의 영역에도 속하지 않는다. 따라서 어느 나라 선박이든 비행기든 자유롭게 활동할 수 있다. 물론 이러한 공해자유라는 것은 다른 모든 자유와 마찬가지로 타인(타국)의 권리를 침해해서는 안 될 것이다. 더욱이 해양생물자원 보존과 해양환경 보호를 위해 국제사회가 만들어낸 각종 보호체제가 있어 공해자유는 어떤 의미에서 상당부분 축소되고 있다고 볼 수 있다. 특히, 큰 바다마다 국제적인 어업관리체제가 있어서 원양어업도 이러한 국제적 규범을 준수하도록 요구받고 있다.

남의 바다를 함부로 침범하는 저들은 누구인가?

중국선박이 우리 영해를 허가도 없이 지나가는데 우리 해경은 멀뚱히 지켜만 보고 있는 장면을 생각해보자. 심지어 항해에 위험한 곳이 있을 경우에는 우리나라 정부가 중국선박에 미리 친절히 알려주기까지 한다. 우리의 영해에 중국선박이 이렇게 당당히 들어오는 장면은 중국이 약소국인 우리나라를 무시하기 때문에 가능한 것인가?

불법 조업을 하는 중국어선이 아니라면 혹시 이런 장면을 보게 되더라도 중국에 대한 저자세라든가 굴욕 또는 무기력한 대응이라고 비난할 필요가 없다. 이는 순전히 '무해통항권(right of innocent passage)'이라는 독특한 해양법상의 제도 때문이다.

모든 국가는 자국 영해에서 외국선박의 무해통항권을 인정해야 한다. 달리 말하면, 모든 선박은 외국 영해에서 무해통항권을 가진다. 이는 오랜 관습법을 통해 형성된 권리로서 유엔 해양법협약에서도 인정되고 있다. 연안국의 평화와 안전을 해치지 않는 범위 내에서 계속적이고 신속한 통항을 하는 것이 무해통항이다. 유엔 해양법협약은 무해통항이 아닌 것을 나열하고 있는데, 영해에서 고기를 잡거나 무력을 사용하거나, 군사훈련을 하거나, 조사 또는 측

량활동 등을 하면 그것은 무해통항의 범위를 벗어나 유해한 통항이 되는 것이다. 그러한 유해한 행위를 하지 않는 한 남의 나라 선박이 영해를 마구 지나가도 멀뚱멀뚱 지켜볼 수밖에 없는 것이다.

군함은 어떠할까? 사실 모든 선박이라고는 했지만 남의 나라 군함까지 영해를 자유롭게 지나갈 수 있다고 한다면 그것은 참으로 부담스러운 일이 아닐 수 없다. 아무리 무력행위나 군사훈련을 하지 않더라도 군함은 존재 자체가 무력시위로 여겨질 수 있기 때문이다. 유엔 해양법협약 작성에 참여한 국가들은 이 문제에 대해 합의를 보지 못했다. 따라서 현재 해양법협약상 군함의 무해통항권에 대해서는 해석이 엇갈린다. 우리나라는 국내법에 의거하여 외국 군함이 영해에 진입하기 위해서는 사전에 '통보'할 것을 규정하고 있다. 즉, 원칙적으로 외국의 군함이 사전 통보만 하면 우리 영해를 드나들 수 있는 것이다.

해양법협약은 잠수함도 선박으로서 무해통항권을 향유할 수 있음을 인정하되, 반드시 물 밖으로 부상하여 국기를 게양하도록 규정하고 있다. 말하자면 남의 나라 영해에서 '잠수 타는 것'은 금물이다. 다만, 무해통항권은 항공기에 대해서는 적용되지 않는다. 비행기는 남의 나라 영해 상공에 허가 없이 진입할 수 없다.

영해라고 하면 마치 외국선박들이 한 발자국도 들이지 못하는 철통장막이 쳐 있는 것처럼 생각하기 쉽지만 사실 위에서 보듯이 무해통항권이라는 의외의 제도가 버티고 있다는 점을 기억할 필요가 있다. 영해에서 남의 나라 선박이 허가 없이 —물론 일정한 제약이 붙어 있지만— 다닐 수 있는 무해통항권이라는 제도에 비추어 영해라는 곳의 주권은 위에서 이미 언급했듯이 영토나 영공에 비하면 다소 말랑말랑한 수준이라고 보아야 할 것이다.

바다의 경계는 어떻게 획정하는가?

국가 간 영토의 경계획정과 바다의 경계획정은 개념적으로 완전히 다르다.

영토의 경계는 오랜 역사를 거치면서 자연스럽게 형성되기도 하고, 왕국의 흥망성쇠에 따라 또는 전쟁을 수습하는 일련의 사건과 과정을 통해 해당 시기의 국제정치 판도 또는 국가 간 역학관계를 반영하여 그어지기도 한다. 영토에서는 경계선 자체도 중요하겠지만 특정한 지역에 대한 영유권을 누가 갖느냐의 문제에 부수되어 확정되는 경우가 더 많다. 예컨대, 인도와 파키스탄 간의 분쟁 대상인 카시미르 지역은 국경선을 어떻게 긋느냐의 문제이기도 하지만 그 지역 자체가 누구의 땅인가를 두고 다투는 것으로 보아야 더 정확할 것이다. 알퐁스 도데가 쓴 「마지막 수업」의 배경이 되는 알자스로렌 지방도 프랑스와 독일 간의 선긋기 방식의 문제라기보다는 그 지역 땅덩어리 자체를 누가 차지하느냐에 따라 프랑스어 교사의 고용안정성이 결정된 사례라고 볼 수 있다.

반면, 바다는 철저하게 선긋기의 문제이다. 영토처럼 특정 수역에 대한 관할권을 누가 갖느냐에 따라 경계선이 부수적으로 결정되는 것이 아니라, 선을 어떻게 그을 것인가에 따라 특정 수역에 대한 관할권 보유국이 부수적으로 결정된다. 다시 말해 해양경계획정은 특정 수역의 주인자리를 놓고 싸우는 것이 아니라 선긋기를 어떻게 할 것인가를 두고 싸우는 것이라서 설사 특정 수역에 대한 경합이 있다 해도 그것은 선긋기 싸움에 부속 또는 종속되는 것이다.

이는 기본적으로 바다에 대한 주권 또는 관할권 범위 결정이 육지 영유권에 종속된다는 사실과 관련이 있다. A국의 영토가 어떤 모양을 하고 있느냐에 따라 그 영토에 접하고 있는 바다에 대한 A국의 권리내용과 범위가 결정된다. A국이 아무리 해양강국이라 하더라도 A국의 영해나 배타적경제수역의 범위는 A국 해안선의 모양을 그대로 12해리 또는 200해리만큼 확대한 범위 내에서 정해진다.[3]

바다에서는 단순하게 영토를 기준으로 그은 일정한 선에 따라 영역이 결정된다. 위에서 교과서적으로 살펴본 바다의 종류라는 것이 모두 이 영토를 기준으로 측정한 거리에 따라 결정되었음을 다시 한 번 상기하면 될 것이다.

이렇게 기계적으로 긋는 해양영역이라면 분쟁의 여지가 없을 것이다. 오늘날의 발달된 첨단 컴퓨터 측량기술에 비추어 육지영토의

---

[3] 우리나라 서해안과 같이 굴곡이 심하고 연안도서가 많은 지역에서는 직선기선을 사용하고 있다. 이 경우에는 해안선 모양이 그대로 확대되어 나타나는 것이 아니라 해안선을 따라 적절히 그은 직선기선의 모양이 반영될 것이다.

모양대로 선을 긋는 일에 논란의 여지가 있을 수 없기 때문이다.[4]

그러나 문제는 서로 마주보거나 인접해 있는 국가들 간에 해양영역이 겹치는 경우이다. 서로 바다를 사이에 두고 마주보는 두 나라 간의 거리가 24해리 미만이라면 두 국가의 영해가 서로 겹칠 수밖에 없다. 서로 바다를 사이에 두고 마주보는 두 나라 간의 거리가 400해리 미만이라면 두 국가의 배타적경제수역이 서로 겹칠 수밖에 없다. 이 경우 경계는 어떻게 설정되는가?

이러한 종류의 해양경계 문제는 영토 위의 국경선을 긋는 경우에서는 발생할 수 없는 해양법만의 독특한 문제라고 할 수 있다. 일견 이러한 겹치는 수역에 대해서도 정교한 컴퓨터 그래픽 프로그램을 동원하여 국가 간에 공평하게 해역을 나누면 아무 문제가 없다고 생각하기 쉽다. 그러나 안타깝게도 현실은 컴퓨터 그래픽처럼 아름답고 심플하게 펼쳐지지 못한다. 공평하다는 개념에 대해 합의하는 일이 결코 쉬운 일이 아니기 때문이다.

일단, 영해의 경우는 간단하다. 두 국가 간 중간선을 경계선으로 하면 된다. 유엔 해양법협약에 그렇게 나와 있다. 참고로, 우리나라 영토와 일본 영토가 매우 근접해 있는 대한해협의 경우 우리나라와 일본은 각각 12해리가 아닌 3해리 영해를 두고 있다. 대한해

---

4 물론 중국의 경우처럼 과도한 직선기선을 긋는 경우 주변국의 반발과 문제제기를 유발하기도 한다.

협을 공해대로 남겨두어 더욱 자유로운 해상교통을 보장하기 위해서 그렇게 정한 것이다.

반면, 배타적경제수역은 그렇게 간단하지 못하다. 과거 국제법에서는 중간선 원칙과 등거리선 원칙을 채택했으나, 유엔 해양법협약에서는 그러한 기계적 원칙들을 포기하고 그냥 국가들끼리 알아서 협의하라고 되어 있다.[5] 이는 영해보다 배타적경제수역에 대한 국가들의 관심과 이해가 더 복잡하고 크다는 것을 시사한다. 200해리씩이나 뻗어나가는 거대한 수역에 대해 단순한 중간선 원칙을 적용하여 경계획정을 하기에는 국가들의 이해관계가 너무 복잡했던 것이다. 그러다보니 여러 판례와 학설을 통해 무엇이 가장 합리적이고 형평성 있는 선긋기인가에 대한 여러 가지 주장들이 제기되어왔다. 현재로서 배타적경제수역의 경계획정 원리를 한마디로 표현하는 것은 어려운 상황이다. 해양법협약은 대륙붕의 경우에도 배타적경제수역과 동일한 경계획정 조항을 두고 있다.

서해와 동중국해에서 한중 양국이 각각 제시하는 200해리 배타적경제수역 주장은 서로 중첩된다. 자연히 두 나라 간 배타적경제수역 경계획정이 문제시될 수밖에 없다. 한국과 일본 간의 바다 역

---

5 물론 유엔 해양법협약은 서로 마주보거나 인접한 국가 간의 배타적경제수역 경계획정은 형평성 있는 해결책을 도출하기 위해 국제법에 의거한 합의에 따라 이루어지도록 규정하여 그럴듯하게 들리는 원칙을 제시하고 있는 것처럼 보이나 결국 당사국들이 각자 알아서 협의해서 정하라는 뜻이다.

시 마찬가지여서 한일 간에는 독도 문제가 없더라도 배타적경제수역 경계획정이라는 별도의 문제가 존재한다. 배타적경제수역을 단칼에 확정지어주는 단순한 기계적 원칙이 없기 때문에 국가들은 서로 기 싸움을 벌이고 서로 한 뼘이라도 더 넓은 수역을 주장하며 대치 아닌 대치를 하고 있다.

한일 간의 문제는 앞서 독도를 중심으로 살펴보았으니, 이제는 한중 간 배타적경제수역과 관련된 쟁점에 대해 다루어보도록 한다. 바로 '이어도' 문제다.

✒ 이어도는 우리 땅이 아니다?

위에서 다소 교과서 같은 개념 설명에 치중했는데, 이는 사실 이어도 문제를 다루기 위한 전주라고 할 수 있다. 이어도는 독도와 함께 우리나라 네티즌들의 광클릭을 유발하는 뜨거운 감자다.

먼저 한 가지를 분명히 짚고 넘어가야 한다. 많은 이들이 이어도를 우리 땅, 우리의 영토라고 생각하고 있다. 그러나 이는 옳지 않다. 이어도는 우리 땅이 아니다.

그렇다면 이어도는 중국 땅이라는 말인가?

물론 아니다. 이어도는 우리의 영토가 아니라, 우리의 해양 영역인 것이다. 좀 더 엄밀히 말해 우리의 배타적경제수역이자 대륙붕

이다.[6]

이어도는 원래 제주도민들 사이에 전설처럼 내려오는 신비의 섬을 가리키는 말이다. 반면, 지금 우리가 이어도라고 부르는 것은 한국 최남단의 섬 마라도에서 남서쪽으로 152km 떨어진 곳에 위치한 바다 밑에서 불쑥 올라온 해저지형으로서 그 꼭대기가 수심 4.6m가량의 물밑에 늘 잠겨 있다. 그 자체만 보면 바다 밑에서 뻗어 올라온 섬의 형태를 하고 있지만 간발의 차이로 물 밖으로 나오지 못한 수중 해저지형이다. 제주도에서는 어부들이 죽으면 가는 환상의 섬이 이어도라는 전설이 전해 내려왔다고 한다. 수심 4.6m에 잠겨 있는 지형을 뱃사람이 보았다면 그것은 아마도 끔찍하리만큼 심한 폭풍우가 몰아칠 때가 아니었을까? 이어도를 어부의 죽음과 연결시킨 전설이 생겨난 것도 무리는 아니었을 것이다. 어쨌든 우리는 마라도 남서쪽에 위치한 이 독특한 해저지형이 제주 전설 속 신비의 섬 이어도일 것이라고 추정하여 이어도라는 이름을 붙인 것이다. 더욱이 우리는 한 발 더 나아가 이어도 위로 우리의 선진 기술력을 보여주는 거대한 해저구조물을 지어 해양과학기지로 활용하고 있다. 전설을 기술로 확정시킨 사례라 할 수 있겠다.

6 대륙붕이 200해리 내에서는 배타적경제수역에 포괄된다고 했으니 우리의 대륙붕이라고 하든 배타적경제수역이라고 하든 상관없다. 다만, 배타적경제수역은 바닷물 자체와 해저 및 하층토(대륙붕)까지 포함하므로 이렇게 좀 더 포괄적인 배타적경제수역이라는 개념을 이어도의 개념 규정에 편의상 더 자주 사용한다.

오늘날 해양법에 비추어 이어도는 섬이 아니다. 유엔 해양법협약은 항시 물 밖으로 나와 있는 지형만을 섬이라고 부르기 때문이다. 이름이 '도'로 끝난다고 하여 이어도를 섬이라고 착각해서는 곤란하다.

이어도는 과연 무엇인가?

이어도는 그냥 해저 땅바닥이다. 다만, 지형상 일반적인 평평한 땅바닥이 아니라 위로 솟구친 돌출형 땅바닥으로서 주변 땅바닥에 비해 식별가능하기 때문에 이름도 얻고 전설도 얻게 된 것이다. 현대 국제해양법은 해면 아래에 늘 잠겨 있는 돌출형 해저지형에 대해서는 그 어떠한 특별한 지위도 인정하지 않고 있으며 법적 명칭도 부여하지 않고 있다. 법적으로는 그냥 바다 밑 평평한 땅바닥과 아무런 차이가 없는 것이다. 이어도 옆으로 붙어 있는 이름 없는 평평한 해저 땅덩어리나 이어도나 법적 지위는 동일하다.

이어도는 영유권의 대상이 아니다. 영유권은 육지나 섬과 같은 바다 위로 늘 솟아 있는 영토에 대해 적용되는 개념이다. 이어도는 육지도 섬도 아닌 바다의 일부이기 때문에 '영유'의 대상이 될 수 없다. 이어도의 법적 지위를 가장 정확하게 표현하는 개념은 위에서 언급했듯이 배타적경제수역 또는 대륙붕이다.

그렇다면 이어도를 둘러싼 갈등과 분쟁은 어떻게 이해해야 하는가? 수차 반복해서 말하지만 이어도는 우리 영토에서 200해리 내에 위치하고 있는 우리의 배타적경제수역 / 대륙붕이다. 문제는 이어도가 중국 소속의 섬에서 거리를 측정해도 200해리 내에 위치하고 있기 때문에 아직 한중 간 해양경계가 확정되지 않은 현 시점에서 중국이 "이어도 수역은 중국의 배타적경제수역 / 대륙붕에 포함된다"라고 주장하는 것이 완전히 틀린 말은 아니라는 점이다. 적어도 중국의 주장은 일본의 독도 영유권 주장과 동등한 차원의 억지는 아닌 것이다.

이미 언급했듯이 한중 양국 간에는 한일 간과 마찬가지로 해양경계가 확정되지 못하고 있다. 서로 200해리만큼의 수역을 주장하고 있으며 그러한 주장수역이 중첩되고 있는 상황에서 수년간 신경전을 벌이고 있을 뿐이다. 해양경계가 확정되어 있다면 이어도 문제는 발생하지 않을 것이다.[7] 이어도 문제는 한중 간 해양경계획정의 문제라고 할 수 있다. 이어도는 한국이 그은 200해리 수역과 중국이 그은 200해리 수역이 겹치는 곳에 존재하는 기구한(?) 운명 탓에 '문제'가 되어버린 것이다. 한국은 비록 해양경계가 확정되지 않은 상황이지만 이어도가 우리 측에 훨씬 더 가깝다는 점을 들어[8]

---

7   물론 한중어업협정을 통해 어업문제는 일단 해결해놓았다.

8   이어도는 마라도에서 152km, 중국의 유인도인 서산다오(蛇山島)에서 287km 떨어져 있다. 서산다오는 우리가 그나마 인정해줄 가능성이 있는 기준점이며 중국에서는 배타적경제수역을 설정하기 어려운 조그마한 암석을 기준으로 245km 떨어져 있다고 주장한다. 그래봤자 우리나라가 더 가깝다.

이어도가 우리의 배타적경제수역이라는 입장을 강하게 견지하고 있다. 반면, 중국은 해양경계가 아직 획정되지 않은 상황에서 중국 측 배타적경제수역 범위에도 포함되는 이어도에 우리나라가 '일방적으로' 과학기지를 건설한 것은 문제가 있다고 지적하고 있다.

2006년 한중 양국 정부는 이어도가 양국 간 영토분쟁의 대상이 아니라는 점을 확인, 공표한 바 있는데 이것은 너무나 당연한 이야기이다. 이어도는 그 어느 나라의 '영토'가 아닌 바다이기 때문이다. 영토분쟁은 존재하지 않으나 서로 200해리 수역이 겹치는 부분에 대한 해양경계획정 문제는 존재한다고 할 수 있다.

이어도 문제는 우리나라가 해양과학기지를 건설하는 과정에서 본격적인 쟁점으로 부각되었다고 볼 수 있다. 우리나라는 이어도에 해양 및 기상 정보를 실시간 수집 분석할 수 있는 최첨단 장비를 갖춘 거대 구조물을 짓고 이어도 해양과학기지라고 이름 붙였다. 중국은 우리나라의 이 기지건설 과정에서 수차례 공식 항의를 제기해왔다고 한다. 한국 정부가 이어도와 관련해서 중국에 저자세 외교 또는 조용한 외교를 한 적이 없다고 항변하면서 드는 근거 중 하나는 한국이 이러한 중국의 항의를 한쪽 귀로 흘려들으며 묵살하고 이어도 해양과학기지를 완공해버렸다는 것이다.

여기서 참고로 2007년도에 정부가 SBS의 이어도 관련 방송보도 내용에 대해 반박한 기고문을 아래 인용해보도록 한다(출처: 외교부 홈페이지).

〈SBS 뉴스추적〉은 24일 "이어도 공정: 중국, 그들의 노림수는?"이라는 방송을 통해 이어도가 한중 양국 간 심각한 영토 문제임에도 한국 정부가 소극적인 '조용한 외교'를 하면서 제대로 대응하지 못하고 있다는 취지의 주장을 전개했습니다. …… 이어도는 수심 4.6m의 수면 아래 상시 잠겨 있는 수중암초로서 우리가 일반적으로 말하는 '섬'이 아닙니다. 유엔 해양법협약은 상시적으로 수면 위에 드러나 있는 지형을 섬이라고 정의하면서 독자적인 영해와 EEZ를 가질 수 있다고 규정하고 있습니다(한국과 중국은 모두 해양법협약 당사국입니다). 방송 모두에서 기자는 '우리가 독도를 우리 땅이라고 생각하듯이 중국은 이어도를 자신들의 영역이라고 주장한다'고 말씀하셨습니다만, 이는 두 가지 측면에서 완전히 잘못된 설명입니다. 우선, 독도와 이어도는 그 성격과 개념이 완전히 다릅니다. 독도는 '섬'으로서 우리의 땅, 우리의 영토이며 해양경계획정 시 기점으로 사용될 수 있습니다. 그러나 이어도는 해저지형의 일부인 수중암초로서 '영토' 개념이 아니라 우리의 EEZ, 우리의 대륙붕에 속하는 것입니다. 둘째, 우리가 독도를 우리 땅이라고 생각하는 것은 국제법적으로, 역사적으로, 지리적으로 우리의 영토임이 분명하기 때문입니다. 그러나 중국이 이어도를 자신들의 영역이라고 주장하는 것은 한중 간 해양경계획정이 이루어지지 않았기 때문에 최대한 자신들의 해양경계를 넓혀보려는 의도를 담은 주장에 불과할 뿐입니다. 따라서 독도와 이어도를 위와 같이 동일시할 수 없는 것입니다. 중국

정부도 이어도에 대해서 양국 간에 '영토 문제'는 없다는 점은 확인하고 있습니다. 이어도는 영토분쟁의 대상이 아니며 이는 본질적으로 해양경계획정의 문제입니다. …… 한국과 중국 사이에 있는 서해와 동중국해의 상당 부분은 양국 각각의 200해리 수역이 겹치고 있으므로 해양법협약에 따른 해양경계획정이 요구되는 것입니다. 따라서 한중 양국은 해양경계획정 회담을 지속적으로 추진해오고 있으며 정부는 우리 측의 해양영역이 극대화될 수 있도록 협상에 만전을 다하고 있습니다. 다만, 이어도 수역은 우리 측에 훨씬 가깝기 때문에 비록 해양경계획정이 완료되지 않은 현재 시점에서도 우리 측 수역이 명백하다는 확고한 입장을 바탕으로 해양과학기지를 건설한 것입니다. 중국이 '해양경계획정이 이루어지지 않은 상황에서 한국의 일방적 행동에 반대'한다며 기지건설 도중 두 차례에 걸쳐 우리 측에 항의해왔으나 우리는 '이어도 주변수역은 명백한 한국의 EEZ이며 해양과학기지 건설은 해양법상 우리의 정당한 권리행사'라는 명확한 입장으로 단호하게 대응했습니다. 정부가 '눈치 보기 외교'나 '조용한 외교'를 했다면 이미 그 당시에 해양과학기지 건설을 포기했겠지만, 우리나라는 중국의 항의를 전혀 받아들이지 않고 예정대로 해양과학기지를 완공하여 운영해오고 있습니다. …… 우리 정부는 이어도 주변수역이 명백히 우리의 EEZ에 속한다는 단호하고 일관된 입장을 바탕으로 이어도 해양과학기지를 건설하여 운영하고 있습니다. 자원개발 문제에 있어서도 중국에 대해 객관적인 논리적 근거에

입각한 우리의 주장을 제기하고 있으며 또한 해양경계획정 회담에
서는 국제법에 입각한 치밀한 전략과 논리를 통해 우리 수역의 극대
화를 위해 노력하고 있습니다. 언론에서 외교적 사안에 대해 취재하
는 경우에는 객관적인 원칙과 사실관계에 근거하여 정부 정책과 입
장에 대한 평가가 이루어질 수 있기를 기대합니다.

중국의 이어도 문제제기

중국이 이어도 해양기지에 대해 문제를 제기한 것은 정치적·전
략적·법적인 측면에서 여러 가지 배경이 있을 터이나, 이어도 주변
이 자신들의 배타적경제수역 200해리 범위에 포함된다고 주장하
는 점은 국제법을 공부한 사람의 입장에서 일단 이해 가능한 측면
이 있다. 만일, 중국이 우리나라 200해리 수역 내에 포함되는 자국
인근 연안의 특정 지점에 모종의 관찰기지를 세운다고 할 때 한국
정부가 그냥 손 놓고 있을 수만은 없을 것이다. 물론, 중국이 정말
로 자국 영토에서 훨씬 더 가까운 지점에 해상구조물을 설치할 경
우, 우리로서는 이어도 기지에 대한 기존 우리 입장에 모순되는 주
장을 내세우지는 않도록 유의해야 할 것임은 두말할 나위도 없다.

만일 중국의 입장이 일본의 독도 영유권 주장 수준의 완전한 억
지는 아니라고 한다면 우리나라가 해양경계획정이 완료되기도 전
에 양측 간 200해리가 겹치는 이어도에 해양과학기지를 건설한 것
은 무리수 또는 부당한 짓이었다는 뜻인가? 상대방 국가를 200퍼

센트 배려하는 이상적이고 아름다운 국제사회라면 우리가 해양경계획정도 완료되지 않은 상황에서 양국 간 200해리 수역이 겹치는 지역에 인공시설물을 건조하는 것은 보는 입장에 따라 약간의 비판적 시선을 받을 가능성도 배제할 수 없을 것이다. 그러나 우리는 그러한 이상적이고 아름다운 사회에 살고 있지 않다. 한국은 배타적경제수역 경계획정과 관련된 다양한 법리 중 우리에게 유리하면서도 합리적 근거가 있는 법리에 입각하여 이어도 수역이 명백한 우리의 배타적경제수역이라는 법적 판단을 내리고 이에 따라 해양과학기지 건설이라는 행동을 취했다. 국가가 주장할 수 있는 합법적인 권리의 최대 영역 내에서 극미량의 법리적 애매함을 다소 감수하고 국익을 극대화하기 위한 결단을 한국 정부가 내렸다고 볼 수밖에 없다. 순수하게 객관적인 제3자의 국제법적 판단은 제쳐두고, 현실주의 세계를 살고 있는 한국인의 입장에서는 그저 정부가 잘했다고 볼 수밖에 없다. 중국은 배가 아프지만 한국의 법적·정치적·정책적 결단에 속수무책으로 당할 수밖에 없었던 것이다.

그런데 중국선박이 이어도 주변을 순찰한다든가 중국이 이어도에 대한 '영유권'을 주장한다는 보도가 나오기 시작하면서 이어도를 지켜야 한다는 목소리가 높아지고 이어도를 독도와 동일한 연장선상에 놓고 목숨 걸고 사수해야 할 '영토'처럼 생각하는 의견이 대두되는 현상이 반복된다.

독도와 이어도를 지키는 것은 당연히 좋은 일이고 그렇게 해야 할 것이다. 특히, 이어도에 해양과학기지를 지어놓은 이상 그 기지를 잘 지키고 관리해야 함은 말할 필요도 없다. 그러나 법적인 측면에서 독도와 이어도를 비교하는 것은 어불성설이다. 독도는 영토인 반면, 이어도는 영토가 아닌 바다이다. 독도는 고유한 영유권의 대상인 반면, 이어도는 해양경계획정 문제 또는 그에 부속되는 문제이다. 달리 말하면, 독도는 협상의 대상이 될 수 없는 우리 고유의 절대적인 영토주권 문제인 데 반해, 이어도는 국제법상 원칙적으로 협상과 상호 합의를 통해 해결할 수밖에 없는 해양경계획정 문제의 일부인 것이다.

여기서 "이어도를 협상과 타협의 대상으로 내놓으라는 말이냐? 혹시 매국노?"라고 흥분할 필요가 없다. 우리가 이어도를 협상의 대상으로 삼을 수 없다고 말하며 엄정한 태도를 유지하는 것이 해양경계획정 협상전략상 당연하겠으나, 싫든 좋든 해양경계획정이라는 것 자체가 영토 문제와 달리 협상을 통해 해결하는 것이 원칙이므로 협상의 대상으로 삼을 수 없다는 언명 자체는 더 큰 맥락의 해양경계획정 협상전략의 일환일 수밖에 없는 것이 현실이다. 모든 해양경계획정이 그렇다는 말이다.

영해가 아닌 배타적경제수역

이어도의 지리적 위치상 전략적 특성을 거론하며 이어도를 지켜야 한다고 말씀하시는 분들도 계신다. 백번 옳은 말씀이다. 그러나 이어도를 영토나 영해로 착각해서는 안 될 것이다. 예컨대, 이어도 수역을 우리 것으로 분명히 못 박아 중국 군함의 진출을 견제해야 한다는 주장이 종종 제기되는데, 이러한 주장에 따르면 중국이 이어도에 대한 권리주장을 하는 이유도 태평양 방향으로 해양권력을 투사하기 위해서라고 한다. 그러나 아쉽게도 이어도 수역을 우리 소속으로 못 박더라도 — 설사 그것이 대못이라 하더라도 — 중국 군함은 이어도 주변수역을 자유롭게 다닐 수 있다. 영해의 경우 무해통항권이 적용되어 우리나라 법률상 외국군함은 사전 통보만으로 무해통항할 수 있도록 되어 있는데, 이어도 수역은 영해가 아니라 배타적경제수역이다. 따라서 외국군함뿐만 아니라 항공기도 자유롭게 다닐 수 있다. 잠수함도 잠수 탄 채로 지나갈 수 있는 수역이다. 중국이 '태평양 진출'을 시도한다면, 그 시도에서 이어도의 소속은 별 문제가 되지 않는다.

그런데 우리가 건설한 해양과학기지는 아무런 법적 지위를 갖지 못하는가? 우리는 그 시설 보호를 위해 주변 500m에 안전수역을 설정할 수는 있다. 그러나 해양법협약은 인공섬이나 인공구조물은 섬과 같은 지위를 가질 수 없음을 분명히 하고 있다. 이어도 해양과학기지는 그 자체의 영해나 배타적경제수역을 가질 수 없다. 이어도 문제가 불거져 나올 때 가끔씩 정치인들이 하는 이야기 가운데 하나는 이어도 해양과학기지를 유인도화하자는 것이다. 연구원과 관리인이 상주하여 우리 것임을 만방에 보여주고 중국에 우리의 이어도 수호 의지를 보여주자는 것이다.

그러나 이어도 해양과학기지에 사람이 상주한다고 하여 달라지는 것은 아무 것도 없다. 상주인원이 들어서서 기지 주변에서 갓 잡은 싱싱한 생선으로 회도 만들어 먹고 해물라면도 끓여먹는다고 해서 이어도 해양과학기지가 갑자기 섬으로서의 지위를 갖는 것도 아니고 중국이 이어도에 대한 우리의 위대한 기지 수호의지를 보고 뭔가 하려던 짓을 삼가지도 않을 것이다.

게다가 먼 바다 한가운데 서 있는 철제 구조물인 이어도 해양과학기지[9]에 과학자나 관리인이 상주하도록 인사발령을 낸다면 그것은 명백한 인권침해이자 인력낭비이다. 누가 봐도 그곳에 발령받으면 상사에게 미움을 받았거나 심각한 업무상 과오를 저지른 사람으로 오해받기 딱 좋다. 그곳을 유인기지화하겠다며 주거공간 증축 투자를 한다면 그것은 안타까운 세금낭비라고 할 수 있겠다. 그 돈으로 해양경찰과 해군 소속 남녀들이 더 건강하게 바다를 잘 지킬 수 있도록 부식비를 늘려주는 것이 훨씬 더 합리적인 투자라고 생각된다. 이어도 해양과학기지 유인화는 전형적인 탁상공론적 망상에 불과하다.

---

9 이어도 기지는 남극의 세종기지 같은 그런 유인기지가 아니라, 에펠탑 비슷한 철골이 바다 한가운데 서 있는 모습을 상상하면 된다. 물론 남극의 세종기지 거주자들도 엄청나게 열악한 환경을 이겨내며 악전고투하고 있음은 두말할 나위도 없는 사실이다.

이어도 실효 지배?

여기서 우리나라 언론이 이어도를 다루는 흔한 사례를 한번 살펴보도록 하자.

"제주인들에게 '한반도 최남단 섬' 의미는": …… 이어도는 이처럼 제주인에게 전설의 섬이자 이상향, 그리고 신비하고 원초적인 힘을 자아내는 이어도토피아였다. …… 조선시대 시문선집인 『동문선(東文選)』의 「성주고씨가전(星主高氏家傳)」을 비롯한 구전기록들은 탐라국 건국 시조의 배필인 세 공주가 이어도, 벌랑, 벽랑국에서 온 것으로 되어 있다. 벽랑국 또는 벌랑은 파도치는 땅, 파도가 높은 지역을 일컫는다. 세 공주가 이어도 해역을 항해했을 것으로 신화는 말하고 있다. …… 이어도에 해양종합과학기지가 세워진 2003년 이후 중국은 이에 대한 이의를 제기하면서 노골적인 야심을 드러내고 있다. 해양 이익을 극대화하려는 중국 정부의 속셈에 따라 최근 중국 관공선이 이어도 주변해역에 자주 출몰하는 상황이다. 이어도는 이제 단순한 수중암초가 아니라 해양영토를 확보하려는 한국, 중국, 일본 3국이 각축하는 현실의 섬이 됐다. ……○○○ 교수는 '중국이 공격적으로 이어도 분쟁을 야기하는 것은 자원, 군사, 영토면적 확대문제로 볼 수 있다'며, '정치, 지리학적 측면에서 이어도의 전략적 가치는 앞으로 더욱 높아질 수밖에 없다'고 지적했다. …… 중국은 2006년 당시 이어도에 대한 한국의 법률적 권리를 인정할 수 없다고 주장하고 나섰다.

이에 대해 제주지역에서는 …… 이어도에 지번(地番)을 부여하고, 이어도의 날을 지정해 기념식을 여는 등 실효적 지배 상태를 보여주자는 여론이 형성됐다. 제주도의회는 이런 여론에 부응해 2007년 8월 '이어도의 날' 조례안을 발의했다. …… 그러나 외교통상부가 '불필요한 논란을 유발한다'며 심사 보류를 요청했다. ……[10] (강조는 필자)

일단 이어도가 최남단 섬이라는 말은 비유적인 표현에 불과하다. 이어도는 섬이 아니기 때문이다. 한중일 3국이 각축하는 현실의 '섬'이 되었다는 표현도 마찬가지다. 이어도에 대한 실효적 지배 상태를 보여주자는 말은 더욱 난감하다. 그 어느 나라도 해저 땅바닥에 대해 실효적 지배 운운하지 않는다. 이어도에 지번을 부여하고 이어도의 날을 지정한다면 왜 서해, 남해, 동해상의 모든 우리 측 수역 내 해저 땅바닥에 지번을 부여하고 각각의 기념일을 지정하는 데까지 나아가지 않는지 궁금해진다. 우리 수역 중에 중요한 부분이 이어도뿐인가? 이어도 외에도 전략적으로나 해양자원 개발 및 보존 차원에서 중요한 의미를 가진 해저는 많이 있을 것이다. 제주도 차원에서는 전설의 섬이라는 심리적 이유도 나름 의미가 있을 것으로 생각된다. 그러나 전설을 빌미로 비합리적인 주장을 함부로 하는 것은 그다지 자랑스러운 일이 아니다. 정부가 이어도

---

10 "제주인들에게 '한반도 최남단 섬' 의미는", 《국민일보》, 2011년 12월 9일, 53면.

의 날 지정에 반대한다면 거기엔 나름의 외교적인 이유가 있겠지만, 사실 그건 정치적 문제이니 어느 쪽이 옳다 그르다 말하기 어려울 것이다. 지방자치단체가 해저 땅바닥에 구역별로 지번을 부여하고 각 지번마다 기념일을 거행한다 해서 비난할 수는 없다. 도민들이 원하면 그렇게 하면 될 것이다.

다만, 전설의 섬에 대한 '실효적 지배'를 강화하기 위해 진지하게 조례까지 선포하는 행위는 뭔가 어색하게 느껴지는 것이 사실이다. 전설과 전통 이야기를 소중히 간직하고 교육시키는 것은 바람직하지만, 현지 주민들이 전통문화를 소중히 간직하는 즐겁고 유쾌한 행사가 되는 것이 아니라, 중국의 야심에 맞서기 위해 전설을 지킨다는 식의 정치적 선동을 내세우는 방식으로 진행되는 것은 그다지 바람직해 보이지 않는다. 어린이들에게 전설의 이어도가 지금 우리가 과학기지를 운영하고 있는 그 이어도와 동일하다고 주입식으로 강요하는 것도 문제가 있다. 산타클로스와 달리 시간이 지나면 "사실 전설의 이어도가 반드시 그 이어도라는 보장은 없지만 아마 그게 대충 맞을 것이라고 추정하는 거야"라고 말해주지도 않을 것이니 말이다. 혹시나 이런 종류의 언론보도 때문에 시험에서 한 문제 차이로 불합격하는 수험생이나 취직준비생이 있을까봐 부언하자면, 대한민국 최남단의 섬을 묻는 질문에 대한 정답은 이어도가 아니라 마라도이다.

중국의 이어도 영유권 주장 강화?

이어도에 대한 언론보도는 심심치 않게 이어지고 있다. 2012년 초 중국이 해양 감시 선박과 항공기의 정기 순찰대상에 이어도를 공식 포함시키기로 했다는 소식이 전해졌다. 우리나라 언론은 이를 두고 중국이 "이어도에 대한 영유권 주장 강도를 점차 높이고 있다"라고 보도했다.[11] 여당 원내대표는 "이어도는 분명히 대한민국 영토에 포함된 우리의 관할이다. 독도와 마찬가지로 분쟁의 대상이 될 수 없는 대한민국 영역 내에 있다"라고 언급했다고 한다.[12] 한중 간 EEZ 경계획정 문제에 대해 양국 간 합의가 이루어지지 않을 경우 국제사법재판소(ICJ)에 소송을 걸어 해결하는 방법이 있지만 한국이 이어도를 실질적으로 점유하고 있는 상황이기 때문에 괜한 분쟁을 자초할 필요는 없다고 지적한 신문기사도 있었다.[13]

여기서 우리는 법적 측면과 정치적·전략적 측면을 구분해볼 필요가 있다. 우리나라의 안보와 동아시아 전략지형의 차원에서 중국의 군사적 움직임을 예의주시하면서 우리의 대외전략과 안보체계를 재검토하는 작업이 필요하다는 점은 두말할 나위도 없다. 그

---

11 "항모 가진 중국, 이어도 분쟁 유도 … 제주 앞바다까지 노린다", ≪조선일보≫, 2012년 3월 10일, 2면.

12 " '이어도는 영토와 주권 문제' 황우여, 김부겸의 본질호도", ≪경향신문≫, 2012년 3월 14일, 2면.

13 "中, 국제법 합의 무시하고 '만만디' ", ≪한국일보≫, 2012년 3월 14일, 8면.

러나 그렇다고 해서 우리나라의 '영토'가 아닌 이어도에 대해 '영유권' 개념을 적용하는 것이 정당화되지는 않는다. 어느 중국인이 정말로 이어도에 대해 '영유권'을 주장했다면 그 무지한 중국인을 비웃어주면 그만이다. 무지한 중국인이 '영유권'을 이야기했다고 해서 우리까지 덩달아 영유권 개념을 중심으로 흥분할 필요가 없다. 방금 전에 말했듯이 전략적 차원에서 우리의 해양 국익과 안보를 고민하면 되는 것이다. 중국이 이어도 해양과학기지를 감시한다면 불쾌한 일임에 틀림없으나 그렇다고 해서 타국 선박 및 항공기에 대해 비교적 광범위한 활동의 자유가 보장되고 있는 배타적경제수역에서 중국이 합법적인 범위 내에서 행하는 활동을 법적으로 비난할 수는 없다. 우리의 대응은 정확한 개념에 입각한 전략적 대응이어야 한다. 중국이 '이어도에 대한 영유권'을 노린다는 식으로 문제 틀을 잡을 경우 올바른 전략을 내올 수 없다. 이어도에 대한 영유권 따위는 존재하지 않기 때문이다.

우리가 존재하지도 않는 이어도 '영유권'을 지키겠다고 나서는 순간, 어쩌면 중국의 진짜 의도를 놓치고 올바른 전략적 대응을 하지 못하는 것은 아닌지 고민해볼 필요가 있다. 이어도에 대해 영유권 운운하는 그 무지한 중국인이 혹시 우리의 말초신경을 자극하여 우리의 전략적 판단력을 흐려놓으려는 명민하고 영리한 계략가는 아닐까?

이어도 문제를 국제재판소에 회부하는 것은 어떨까? 유엔 해양법협약은 국제사법재판소 또는 국제해양법재판소(International Tribunal for the Law of the Sea) 등을 이용해 해양경계획정 문제를 해결할 수 있는 길을 열어놓고 있다. 상당수 국가들이 국제재판을 통해 해양경계를 획정해왔다. 국제재판을 통해 우리에게 유리한 해양경계획정을 얻어낼 수 있다면 충분히 고려해볼 만한 일이라고 생각한다. 물론 이 경우 국제재판에 회부하는 쟁점은 이어도 자체가 아니라 한중 간 해양경계획정 문제이다. 즉, 재판부에 대해 "이어도가 어느 나라 소속인가?"가 아니라 "한중 양국 간 해양경계를 어떻게 그어야 하나?"라고 물어보는 것이다. 이어도라는 해저의 한 지점의 귀속은 결국 해양경계획정을 통해 결정되기 때문이다. 일부 정치인이 이어도를 독도 문제에 비견하면서 이어도가 독도와 마찬가지로 분쟁의 대상이 될 수 없다고 했는데 이는 사실과 동떨어진 발언이다. 독도는 우리의 영토로서 일본이 이에 대한 영유권을 감히 주장하는 것 자체가 우리에게는 용납할 수 없는 도발적 행위이지만, 이어도는 우리의 영토가 아닌 배타적경제수역 / 대륙붕으로서 중국과의 해양경계획정 문제의 일부이다. 국제해양법상 분쟁해결기제는 바로 이런 배타적경제수역 / 대륙붕의 경계획정에 쓰라고 있는 것이다. 이어도 문제(해양경계획정 문제)는 필요하다면 중국을 설득해서 국제재판에 회부하는 방안도 나름 검토해볼 수도 있는 것이다. 우리가 이어도를 '실질적으로 점유'하고 있기 때문에 분쟁화를 자초할 필요가 없다는 신문기사도 국제해양법의 내용과 동떨어진 잘못된 내용이다. 섬이 아닌 배타적경제수역 / 대륙붕은 '점유'하는 대상이 아니며, 국제법상 인정되는 적절한 방식을 이용해 경계를 획정하는 대상이기 때문이다.

추정컨대, 중국은 한국과 해양경계획정 문제를 국제재판으로 해결하지 않는 편을 선호할 가능성이 높다. 제3자가 볼 때 아무리 중국의 영토가 넓고 해안선이 길다는 점을 감안해주더라도 이어도까지 포함하는 광범위한 수역을 중국의 배타적경제수역으로 인정해줄 가능성은 그다지 높지 않기 때문이다. 어쨌든, 국제재판은 이어도 문제를 해결하는 논리적으로 검토 가능한 여러 방안들 중 하나라는 주장이 틀렸다고 보기는 어렵다.

특히, 이어도와 독도는 구별되어야 한다. 영토가 아닌 이어도를 섣부르게 독도에 비유하는 것은 독도의 영토적 존엄을 훼손하는 불경스러운 행위로 간주되어야 한다. 그래야 올바르고 정확한 사고방식으로 독도도 지키고 이어도도 지킬 수 있을 것이다.

그래서 무엇을 어떻게?

그렇다면 이어도를 어떻게 하자는 말인가? 이어도 수역 및 해양과학기지를 잘 지키자는 주장은 이의를 제기할 여지가 없는 올바른 주장이다. 다만, 지킬 것은 지키더라도 개념적으로 틀리고 법적으로 근거도 없는 주장을 제기함으로써 국가의 신뢰와 체면을 스스로 깎아 먹는 일을 하는 것은 곤란하다는 말이다. 이어도 해양과학기지 건설 시 우리나라가 약간의 법적 애매함을 감수하고 국익을 증진시키는 과감한 결단을 내렸다고 평가했는데, 이는 국제법적으로 나름 충분한 근거가 있기 때문에 가능한 것이었다. 이어도는 지리적으로 우리나라에 가깝고 우리 명의의 강철구조물까지 지어놓았기 때문에 이 문제에서 우리나라가 유리한 위치를 선점하고 있다. 중국 정부 역시 이론적으로 중국으로부터 200해리 이내에 포함되기는 하지만 양국 간 해양경계획정을 하면 결국 이어도는 우리나라의 수역에 포함될 가능성이 농후하다는 점을 잘 알고 있을 것이다. 그러나 중국 정부도 아주 기본적인 협상 셈법에 입각하여 자신들이 주장할 수 있는 최대치를 일단 내세우는 것이다. 이는 어찌 보면 예측가능한 당연한 움직임이다. 우리나라에 친미정권이 들어서서 한중관계에 균열이 생기는 바람에 발생하는 상황이라는 식의 정치적 해석도 가끔씩 들리곤 하는데, 이 역시 전혀 근거 없는 소리이다. 중국이 주장할 수 있는 200해리 최대치 배타적경제수역에는 이어도가 포함된다. 따라서 중국의 이어도 관련 주장에 우리가 가볍게 흥분할 필요가 없다. 한중 양국이 해양경계획정을 국제법정으로 가져가기로 합의하지 않는 한, 우리가 원하든 원치 않든 한중 간 해양경계획정은 국제법의 틀에서 양국 간 협상을 통해 해결될 수밖에 없기 때문에 인내심을 갖고 해양경계획정 협상을 포함한 한중 간 해양문제의 합리적 해결을 위해 장기적 외교 노력을 기울이는 수밖에 없다.

그러한 장기적 노력 중의 하나는 이어도 문제가 한중 간 불필요한 문제로 부각되지 않도록 관리하는 것이다. 어차피 협상을 통해 해결해야 할 문제를 과도한 정치적 문제로 부각시켜서 누가 이득을 볼 것인가? 누가 이득을 볼지 모르겠지만 어쨌든 한국 국민들은 그 수혜자가 아닐 것이다. 이어도가 일말의 타협의 여지도 없는 주권국가의 영토 문제라면 영토수호 차원에서 단호히 대응하는 것이 맞을 것이다. 그러나 이어도는 영토 문제가 아니라, (이미 수차 언급해서 지겨울 정도이지만) 협상을 통해 해결해야 할 배타적경제수역 경계획정 문제의 일부이다. 협상을 뜨거운 가슴으로 하면 십중팔구 실패한다. 이어도 문제가 갖는 감정적 부피와 질량이 증가할수록 한중 양국 간 배타적경수역 경계획정에서 중국이 갖는 레버리지가 오히려 더 늘어나는 것은 아닌지 신중하게 검토해볼 필요가 있다.

　아울러, 좀 더 큰 동아시아의 지정학적 차원에서 해양 국익과 해양 전략을 고민하는 데에서 이어도 '영유권'을 수호한다는 식의 잘못된 개념은 잘못된 전략적 대응으로 이어질 우려가 있다. 이어도는 뜨거운 영토가 아니라 차갑고 냉정한 바다라는 점을 기억해야 한다.

✐ 대륙붕 외측 한계: 흔한 왜곡보도 사례?

이미 언급했듯이 유엔 해양법협약에서 대륙붕의 범위는 매우 복잡한 기술적 조항에 의해 규정되고 있다. 이에 따라 한 국가의 대륙붕을 어느 정도까지 인정할 것인가의 문제는 법률가들이 아니라 과학자(주로 해양지질학자)들이 주도적으로 논의해야 할 문제라고 할 수 있다. 일본의 동쪽 대륙붕은 태평양 어느 지점까지 뻗어나간다고 인정할 것인가, 또는 미국과 멕시코의 서쪽 대륙붕은 태평양 어느 지점까지 뻗어나간다고 인정할 것인가? 대륙붕을 육지의 자연적 연장이라고 보는 기본 개념을 바탕으로 복잡한 기술적 정의를 만들어내다 보니 대륙붕의 범위(외측 한계)는 이제 과학적 해양지질 탐사자료를 바탕으로 전문지식을 갖춘 과학자들이 객관적 검토를 통해 결론을 내려야 할 문제가 된 것이다.

그런데 우리나라 일부 언론에서 이 대륙붕 외측 한계 문제를 정치적 문제로 보는 보도를 했다. 2011년 6월 한국방송공사의 모 시사프로그램은 "한중일 대륙붕 삼국지"라는 제목의 방송에서 어느 국회의원의 보도자료를 인용하여 우리 정부가 주변국과의 외교적 마찰을 이유로 대륙붕한계위원회(Commission on the Limits of the Continental Shelf: CLCS)에 정식문서를 제출하지 않고 있다고 비판했다. 이는 유엔 해양법협약에 따라 설치된 대륙붕한계위원회에 제출하는 대륙붕 지질 정보를 두고 하는 말이다. 이 보도에 따르면 동중국해 일대 대륙붕 관할권을 둘러싸고 우리와 대립 중인 일본은 이미 수백 쪽짜리 조사자료를 만들어 유엔에 제출했으나 우리 정부는 정식문서가 아닌 예비정보 형태의 문서로만 제출했으며 몇 년째 자료를 준비 중에만 있다는 것이다. 특히, 이 방송을 보면 일본이 한반도 주변수역을 포함한 일본 열도 주변 전체에 대해 대륙붕을 자국 영토로 신청했다는 인상을 받게 된다. 즉, 일본이 우리의 대륙붕을 다 차지하겠다면서 유엔에 발 빠르게 영토 신청을 내는 동안 한국은 어물쩍거리며 아무것도 안 하면서 당하고 있다는 취지였다.

　이에 대해 외교통상부는 반박 보도자료를 통해 정부는 한반도의 대륙붕이 오키나와 해구까지 자연적으로 연장된다는 기본 입장을 천명한다는 차원에서 우선 예비정보를 제출했으며, 현재 정식 보고서 제출을 위한 마지막 단계로서 전문가들이 문건을 심층 보완 중에 있다고 밝혔다. 아울러, 외교통상부 보도자료는 중국과 일본은 우리와 동일한 대륙붕 구역에 대해 대륙붕 보고서를 제출한 바 없다고 했다. 일본이 유엔에 제출한 내용은 전부 태평양 수역에 관한 것으로서 우리의 대륙붕과 겹치는 부분은 없다는 것이다.[14]

　그 이후 우리나라 정부는 2012년 12월 대륙붕한계위원회에 "우리의 권원이 미치는 동중국해 대륙붕이 200해리 너머 일정부분까

---

14 외교통상부 보도자료, 2011년 6월 16일.

지 연장되어 있다는 것을 보여주는 대륙붕 한계 정식정보"를 제출했다고 발표했다.[15] 2009년에 예비정보를 제출한 데 이어 3년 만에 정식정보를 제출한 것이다.

일단, 여기서 개념 정리부터 할 필요가 있다. 앞서 해양경계라는 것이 국가 간 협상을 통해 정해지는 것이라고 설명했는데, 이제 와서 대륙붕은 유엔에 신청해서 범위를 정한다고 하니, 도대체 왜 갑자기 이야기가 해저 삼만 리로 빠져드는지 의아해할 수도 있을 것이다.

한마디로 정리하면 이렇다. 서로 마주보거나 인접해 있어서 각자 주장하는 해양영역이 겹치는 국가들 간에는 협상을 통해 해상경계를 긋도록 되어 있다. 그런데 대륙붕의 경우 이미 언급했듯이 대륙붕의 외측 한계에 대한 기술적 측면을 객관적으로 평가하기 위해서는 지질전문가들의 검토가 필요하므로 해양법협약은 '대륙붕한계위원회'라는 것을 만들어서 대륙붕 한계를 검토 받고자 하는 국가들이 소정의 양식을 통해 자국의 대륙붕 한계 정보를 제출하도록 한 것이다.

그렇다면 마주보는 국가 간 경계획정과 대륙붕의 과학적인 외측한계 결정은 서로 무슨 관계에 있는가? 해양법협약을 보면 대륙붕한계위원회의 활동은 서로 마주보거나 인접한 국가들 간의 대륙붕

---

15 외교통상부 보도자료, 2012년 12월 27일.

경계획정 문제를 침해하지 않는다고 규정되어 있다. 즉, 과학자들로 구성된 대륙붕한계위원회의 활동은 기본적으로 일본의 태평양 방향 대륙붕 또는 미국의 태평양 방향 대륙붕처럼 국가 간 경계획정 문제가 개입되지 않은 순수한 대륙붕의 자연적 연장과 관련된 지질학적 측면을 판단하기 위한 곳이다. 해양경계획정이라는 법리적 성격의 문제를 해결해주는 곳이 아니라는 말이다.[16]

다시 방송 문제로 돌아와 보면, 이 방송보도와 달리 일본은 한국, 중국 등 주변국과 해양경계획정 문제가 전혀 없는 태평양 지역에 대해서만 대륙붕 한계 정보를 제출했다. 이는 대륙붕한계위원회의 목적과 취지에 부합하는 것이다. 그렇다면 한국은 어떠한가? 한국의 대륙붕은 주변국과 겹치지 않는 곳이 거의 없다. 한국 정부는 한국의 대륙붕이 오키나와 해구까지 자연적으로 연장된다는 입장을 견지하고 있으나 실제 그 부분은 일본의 200해리에 속하는 부분이기도 하다. 한국 측이 주장하는 대륙붕과 일본 측이 주장하는 대륙붕은 겹칠 수밖에 없다. 따라서 대륙붕한계위원회가 그 수역

---

16 이 위원회는 나름 치열한 선거를 통해 위원을 선발하는데 한국은 그동안 우리 정부의 열성적인 선거운동이 통했는지 한 번도 위원 자리를 놓친 적이 없다. 이와 관련하여, 이제 새로운 세대의 과학자들이 이러한 전문적 국제기구에 많이 진출해야 할 것으로 보인다. 과학계에도 어쩔 수 없이 연공서열 또는 선후배 간 위계질서가 존재하는 것인지 알 수 없으나, 원로 학자가 너무 오래 국제기구 위원 직위를 독점하는 것은 장기적인 관점에서 그다지 바람직하지 않아 보인다. 한국의 젊고 유능한 과학자들을 국제무대에 많이 진출시키는 것이 우리의 미래에 좀 더 도움이 될 것이기 때문이다.

에서 양국 간 대륙붕의 경계를 획정해줄 수 있는 처지가 아니다.

　그렇다면 한국이 정식 보고서를 제출하는 것은 큰 의미가 없을 수도 있다. 더욱이, 자칫 기술적 전문가 조직인 대륙붕한계위원회를 국가 간 정치적 갈등과 분쟁의 장으로 변질시키려는 의도를 갖고 있는 것으로 오해받을 위험도 있다고 본다. 우리 정부는 동중국해 대륙붕 한계 정식정보를 제출하면서 이는 동 해역의 대륙붕 경계획정 문제와는 별개이며, 동중국해 최종 경계획정은 주변국과의 해양경계 협상을 통해 결정될 것이라는 지당하기 그지없는 부대설명을 달았다. 대륙붕한계위원회에 대한 정보 제출이 해양경계획정과 무관함을 재차 확인한 것이다. 일본이 해당지역의 해양경계 미확정을 이유로 한국의 제출자료 심사에 이의를 제기할 경우에 대륙붕한계위원회가 검토를 진행할 수 있을 것인지 의문이다.

　일부 국가들은 대륙붕한계위원회 본연의 임무와 목적에 어긋나는 불필요한 논란을 피하기 위해 이웃국가들과 사전에 협의를 거친 후 대륙붕 한계 정보자료를 제출하는 바람직한 모습을 보이기도 했지만, 해양경계가 획정되지 않은 지역 또는 영토분쟁이 있는 지역에 대해 한 국가가 일방적으로 대륙붕한계위원회에 자료를 제출한 사례도 심심치 않게 나오고 있는 것이 사실이다. 영국과 아르헨티나 사이에 전쟁까지 벌였던 포클랜드 섬에 대해 양국은 각각 독자적으로 대륙붕한계위원회에 자료를 제출했고, 각각 대륙붕한계위원회에 상대방의 보고서를 심사하지 말 것을 요구했다. 또한,

영국과 아일랜드가 각자 제출한 특정 지역의 대륙붕 한계 자료정보에 대해 이해당사국인 덴마크와 아이슬란드가 반대의사를 표명했으며, 피지의 자료 제출에 대해서는 바누아투가 이의를 제기했다. 남중국해에 대한 베트남의 자료 제출은 중국과 필리핀이 나서서 문제를 제기했다. 이 모든 사례들에서 대륙붕한계위원회는 심사를 진행할 수 없다는 입장을 표명하여 심사가 중단 또는 연기되었다.[17]

대륙붕한계위원회가 한국 측 제출정보를 어떻게 처리하든 상관없이 향후 중국, 일본과의 해양경계획정 협상을 전제로 하여 조금이라도 우리 측 해역확대에 유리해 보이는 자료와 정보를 축적한다는 차원에서 오키나와 해구까지의 자연적 연장론을 공개적으로 주장하는 것이 의미가 있다고 보는 의견도 제기될 수 있을 것이다. 위에서 이웃국가의 반대를 받은 사례로 열거된 국가들 역시 아마 그 반대를 예상했음에도 불구하고 일단 자신들의 주장을 최대치로 남겨놓는다는 차원에서 보고서를 제출한 것이 아닐까 생각된다. 추정컨대 우리 정부도 그러한 판단에 입각하여 대륙붕한계위원회에 정보자료를 제출한 것으로 보인다. 또한, 정부 입장에서는 위에서 언급한 모 방송 프로그램처럼 앞뒤 안 가리고 왜곡보도를 하는

---

17 D. A. Colson and R. W. Smith(eds.), *International Maritime Boundaries* (Leiden: Nijhoff, 2011), pp.4158~4159.

우리나라 일부 언론과 정치인들의 공격적 행태가 두려워서 일단 제출하고 보자는 생각도 조금은 있었을 것이다.

그러나 우리나라가 경계획정과 무관한 대륙붕한계위원회를 경계획정의 목적에 활용하겠다는 의도를 너무 앞세울 경우 국제사회에서 신뢰를 잃는 바람직하지 못한 결과를 야기할 수도 있음을 기억해야 할 것이다.

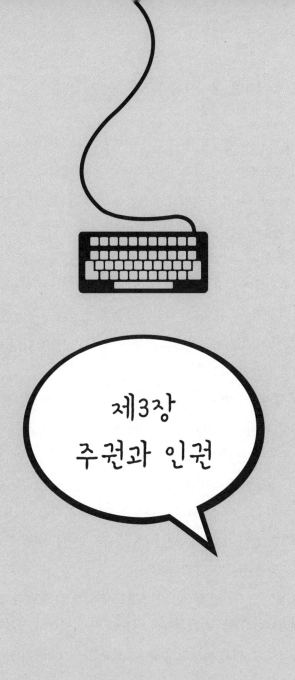

✒ 들어가며: 국제사회의 근간, 주권과 인권

국제법의 주요 개념들 중 주권과 인권만큼 묵직하고 난해하면서도 우리 일상생활에서 자주 쓰이는 말도 드물 것이다. 이 두 단어들은 현대 국제사회 구성원리의 근간을 이루는 개념이라 해도 과언이 아니다. 오늘날 국제사회가 돌아가는 가장 건전하고 이상적인 모습을 한 문장으로 묘사해보라면 아마도 '주권국가가 서로의 주권을 존중하며 인류보편의 가치인 인권을 최고의 이상으로 추구해가는 것'이라 할 수 있다. 그러나 주권과 인권의 용법이 워낙 다양하다보니 개념정의도 어렵고 정치적·이념적 성향에 따라 내포하는 의미가 달라지기도 한다.

특히, 양자의 관계에 대해서는 더욱 생각할 거리가 많아진다. 우리는 주권을 최고의 지고지순한 개념으로 소중히 여기며 누군가 우리의 주권을 손상할세라 경계하는 태도를 보인다. 반면, 외국의 압제적인 정권이 끔찍한 대량학살에 나설 때면 주권보다는 인권이 우선한다면서 그 외국정권의 주권을 무시하고 사람을 살리는 방법에 대해 고민한다. 20세기 중반 이후 주권과 인권은 이렇게 대립관계로 조명되는 경우가 더 많아졌다.

이 장에서는 주권과 인권이라는 말을 손쉽게 입에 담기 전에 한 번쯤 새겨보아야 할 두 개념들의 미묘한 숨은 맥락과 상호관계에 대해 살펴보고, 이를 바탕으로 좀 더 신중한 — 그리고 아마도 좀 덜

선동적인 ─ 개념 활용법을 제시하고자 한다. 그리고 이러한 반성적 시각을 바탕으로 우리 사회에 여전한 이념적 쟁점으로 남아 있는 북한인권법에 대해 진보와 보수 양편의 주장이 갖는 모순과 허점을 지적하고, 실질적인 대화를 위한 출발점을 고민해보도록 한다.

✒ 주권의 배신, 인권의 신화

한미 FTA 발효를 앞두고 혼란스러운 정치적·법적 논란이 한창일 때 FTA 반대진영에 속하는 일부 법조인과 정치인들은 한미 FTA에 포함된 국가-투자자 분쟁해결 조항(이른바 ISD 조항)이 우리나라의 '사법주권'을 침해한다며 대정부 비판에 나섰다. 사법부 소관사항을 행정부가 조약체결을 통해 임의로 국제분쟁 해결기관에 떠넘긴 것은 우리나라 '주권'의 포기나 다름없다는 주장이다. 사실 국제경제나 무역에 대한 이슈가 헤드라인을 장식할 때마다 빼놓지 않고 등장하는 단골손님이 이 주권침해론이라 해도 과언이 아닐 것이다. 제2차 세계대전 직후 GATT 체제로 출범한 국제 무역규범제도가 1990년대 우루과이라운드 타결과 세계무역기구(WTO) 출범을 계기로 본격적인 자유무역 세상 만들기의 틀을 갖추어 나가면서, 관세나 수입품 과세를 둘러싼 국가 간 분쟁이 불거질 때마다 언론에서는 이를테면 "미국(또는 어느 강대국), 한국의 자동차 세제

까지 문제 삼아 … 국내세금까지 간섭하는 주권침해" 또는 "미국
(또는 어느 강대국), 한국 주세 제도의 차별성 문제제기, 술에 대한
국내세금까지 간섭하는 주권침해 … 한국 정부는 소주와 위스키가
같은 종류의 상품이 아니라고 주장" 등등 분노에 찬 헤드라인이 등
장하곤 했다.

주권이 조금이라도 훼손될까봐 격앙하는 모습은 다른 나라, 다
른 분야에서도 마찬가지다. 중국은 티베트 문제 등 자국 내 인권
문제가 제기될 때마다 중국의 국내문제이자 주권사항이라며 강력
하게 반발한다. 우리나라도 과거 독재정권 시절 야당 정치인 또는
한국 정부에 비판적인 외국 종교인 등이 한국의 인권탄압을 문제
삼으면 그날 〈9시 뉴스〉에서 (대통령 동정을 보도한 후) "김XX, 해외
망언" "XXXX, 한국 주권침해 발언" 등등의 보도를 하곤 했다. 요즘
은 외국이 한국의 언론 자유나 인터넷 자유에 대해 문제제기를 한
다고 해서 이를 망언이라거나 주권침해라고 반응하는 모습은 보기
힘들다. 이는 우리나라가 그동안 구축해온 민주주의 체제의 높은
수준을 반영하는 것이 아닐까 싶다.

그럼에도 많은 경우에서 우리는 주권이라는 개념에 감정적으로
연결되어 있는 모습을 보인다. 주권은 무덤덤하게 보유하고 관리
하는 무언가가 아니라 유서 깊은 집안의 종갓집 며느리가 수백 년
된 불씨를 지키듯, 또는 불구대천의 원수가 달려들어 빼앗으려는
부모님의 유산을 목숨 걸고 지키듯 혼신을 다해, 그리고 감정을 담

뿍 담아 지켜야 하는 신성하고 절대적인 것이 되어 있다. 요컨대, 주권 수호는 '애국심'의 공식적 정수쯤에 해당한다고 볼 수 있다.

주권에 대한 이런 감성적 태도의 원인은 무엇일까?

우선, 주권이 실제로 그만큼 소중하고 절대적인 것이기 때문이라는 대답을 제시할 수도 있을 것이다. 우리는 어려서부터 주권이 최고의 절대 지존이자 신성한 가치라고 배워왔다. 그리고 그 신성한 가치는 국민으로부터 나오기 때문에 주권자인 국민이 주권을 한 치의 양보도 없이 지키려는 태도는 너무나 당연하며, 눈물과 울분 없이 돌아볼 수 없는 한국 현대사에 비추어 국민주권을 규정한 헌법의 문구는 절절하게 느껴질 수밖에 없다.

그러나 문제는 주권이 하나의 단일개념이 아니며, 은근히 서로 다른 여러 가지 범주의 개념들이 주권이라는 하나의 단어에 뒤섞여 있다는 데 있다.

아마 국제법에서 주권이라는 단어만큼 자명하면서도 정의하기 어려운 개념도 드물 것이다. 주권개념의 역사와 이론적·철학적 배경을 심도 있게 규명하고 있는 뛰어난 저서들이 많이 있지만 결국 보통 사람들의 눈에는 대략적으로 아는 내용을 어렵게 쓴 것처럼 보이기 마련이다. 여기서는 주권개념의 다층성과 복잡성에 대한 많은 이론적 설명들 중 우리가 사용하는 주권개념이 크게 네 가지로 구분된다는 미국 정치학자 크래스너(Stephen Krasner)의 설명방식을 원용하여 주권개념을 우선 논해보고자 한다.

주권의 여러 가지 용법

크래스너의 분석에 의하면 주권이라는 개념이 일반적으로 사용되는 방식에는 네 가지가 있다. 첫째는 국내적 주권개념, 둘째는 상호의존적 주권개념, 셋째는 국제법적 주권개념, 넷째는 웨스트팔리아적 주권개념이다.[1] 다소 딱딱한 이론적 구분처럼 보이지만 실제로는 간단한 내용이다.

우선, 우리가 흔히 말하는 주권은 많은 경우 국내적 주권개념에 속한다. 국내적 정치체제의 권위와 정당성을 가리키는 그 주권, 우리가 소중히 여기는 그 국민주권이 여기에 속하는 것이다. 이 주권개념은 국제법적 주권개념 또는 웨스트팔리아적 주권개념 등 다른 개념과 연관성이 아주 없지는 않지만 본질적으로 다른 내용이라고 볼 수 있다.

둘째, 상호의존적 주권개념은 오늘날 교통통신의 발달과 전 세계적인 민간분야의 자율성 확대로 인한 국가권능의 실질적 약화를 지칭하는 데 쓰이는 범주이다. 즉, 이른바 세계화라는 것의 피해자로 거론되는 국가주권이 다름 아닌 바로 이 주권개념인 것이다. 이는 법적인 권위와 정당성이 아니라 실제적인 통제력과 역량의 문제이다. 누군가가 금융자본의 세계화로 인해 주권이 침해당하고

---

1   Stephen Krasner, *Sovereignty: Organized Hypocrisy* (Princeton: Princeton University Press, 1999), p.9

있다고 주장하거나 인터넷의 발달로 인해 주권이 무의미하게 되었다고 주장한다면 여기서 말하는 주권이란 이 두 번째 개념에 속하는 주권을 말한다. 예컨대, 모험적이고 공격적인 해외투기자본이 합법적인 틀 내에서 우리나라 정부의 경제정책 결정자들을 당황스럽게 만드는 방식으로 한국시장을 휩쓸고 갔다고 치자. 이 경우 한국이 주권을 침해당한 것은 아니라고 말한다면 그것은 첫 번째 범주의 주권이고, 한국의 주권이 침해당했다고 주장한다면 그것은 두 번째 범주의 주권을 말한다고 구분할 수 있을 것이다.

셋째, 국제법에서 말하는 주권은 국가 간 평등과 독립의 개념으로 설명될 수 있다. 주권평등과 국가독립의 존중은 현대 국제법의 기본원칙 중 하나로 제시되고 있다. 그것은 국가의 기본적 권리이자 다수의 국제법적 원칙을 파생시키는 근본규범으로 작동한다. 예컨대, 외교관의 특권면제라는 것도 결국 한 국가의 주권을 다른 국가가 존중한다는 차원에서 나온 것이고, 유엔 총회에서 미국과 소말리아가 동등한 한 표를 행사하는 것은 주권의 평등성을 보여준다. 타국과 조약을 체결할 수 있는 권리나 능력도 이러한 주권개념에서 비롯하는 권리와 능력이다.

이 세 번째 주권개념은 국내적 주권개념이나 실질적 통제력으로서의 주권개념과 구별된다. 국내적으로 주권이 국민에게서 나오든 왕에게서 나오든 악독한 장군 출신 독재자에게서 나오든 그 국가들은 국제법적 평면에서 평등하다. 또한 그 나라가 국제사회에서

막강한 영향력을 발휘하든 또는 자기나라 국민조차 돌볼 능력도 없는 빌어먹는 국가든 국제법적 주권의 차원에서는 그 국가들을 차별하지 않는다.

　마지막으로, 웨스트팔리아적 주권개념은 유럽 외교사의 맥락에 바탕을 둔 다소 역사적·이론적 측면이 강한 범주라고 할 수 있다. 유럽 중세사에서 국가(주권자)는 오늘날의 주권국가가 아닌 교황이나 신성로마제국 황제에 종속된 형태였으나, 교황과 신성로마제국이 유럽 정치사에서 퇴조하기 시작하면서 근대 초기 들어 우리가 교과서에서 많이 들어본 보댕(Bodin) 같은 사람이 군주를 최고의 정치적 정당성의 근거이자 원천으로 상승시키는 주권론을 제시하기 시작했다. 그리고 이러한 배경 속에서 유럽 국민국가(nation-state) 체제가 형성되었고 1648년 웨스트팔리아 조약을 계기로 각국의 '영토주권 보장' 및 '국내문제에 대한 외세개입 금지'라는 두 가지의 대원칙이 형성되었다. 어쨌거나 웨스트팔리아적 주권은 국가의 영토보존과 외부세력의 국내문제 간섭금지를 근간으로 하는 국가 간 관계의 핵심원칙을 가리킨다.

　여기서 중요한 것은 우리가 주권개념의 다양한 용법을 무시한 채 무조건 주권이 최고라고 외치기에는 세상이 너무나 복잡하다는 점이다. 주권개념의 다양성을 생각해보면 우리가 평소 절대적이거나 신성불가침의 것이라고 부르는 주권은 주로 첫 번째 국내적 주권에 해당한다. 애당초 침해당하는 것을 전제로 상정된 두 번째의 주권개념(국가의 실질적 통제력으로서의 주권)은 세계화의 진전과 함께 침해의 정도가 심화되고 그 침해의 방식 또한 다양해지고 있으며, 크래스너는 세계화와는 별개로 실증적 연구에 비추어볼 때 세 번째 주권개념(국제법적 주권)과 네 번째 주권개념(웨스트팔리아적 주권) 역시 국제사회의 속성상 늘 제약되고 침해되고 위반되는 경향이 있다고 설명한다. 20세기까지 이어진 제국주의적 강대국의 약소국 침탈 역사를 생각해보면 쉬울 것이다.

이렇게 근대 세계사는 강대국의 약소국에 대한 침탈과 같은 폭력적 주권침해의 역사로 점철되었는데, 현대사회의 정상적인 국가관계에서도 사실 주권개념은 절대적인 위상을 갖는다고 보기 어렵다.[2]

국제무역 분야에서 GATT-WTO 체제는 관세를 낮추기 위한 캠페인에 머무르지 않고 내국민대우와 최혜국대우 등 수입품이 한 국가의 국경 안으로 들어간 이후에까지 적용되는 각종 원칙을 만들어내며 국가의 정책적 자율성을 제약하고 있다. 예컨대, 정부가 나서서 국산품 애용운동을 벌이면 그것은 GATT-WTO의 원칙에 어긋난다. 누군가는 국산품 애용운동조차 벌이지 못하게 만드는 국제무역제도의 사악한 '주권침해'를 비난할지도 모르겠으나, 자유무역 경제담론의 전반적인 우세와 GATT-WTO 규범의 전 세계적

---

2 아울러, 앞서 해양법 관련 내용을 다루면서 해양 '주권'이라는 개념이 그다지 딱딱하고 엄정한 개념이 아니라는 점에 대해서도 논의했다.

수용을 통해 국산품 애용운동은 어느 틈에 구시대의 담론으로 전락해가고 있는 것이 현실이다.

국제무역제도가 주권을 어느 정도 제약하는 것은 사실이다. 그러나 그것은 국가가 그러한 주권 제약을 받아들이고 감내하는 것이 유리하다는 판단하에 스스로 동의한 주권의 제약이다. 여기서 말하는 주권은 크래스너의 세 번째 주권개념(국제법적 개념)에 해당하는 것이라 할 수 있을 것이다. 따라서 WTO 체제가 특정 계급이나 계층만을 위한 제도라거나 경제적으로 타당하지 않은 규범이라고 비난하는 것은 이념적 입장에 따라 나름 제시할 수 있는 주장이겠으나, 만일 WTO가 주권을 침해하기 때문에 사악한 체제라고 주장한다면 더 이상 현실적인 설득력을 갖기 어려울 것이다. 국제무역규범은 다른 많은 국제적 규범과 마찬가지로 국가의 이익을 위한 자발적인 주권 제약을 전제하기 때문이다.

다시 말해, 눈물을 머금고 압박과 협박에 못 이겨 WTO에 가입한 것이 아니라면, 여기에 주권침해 운운하는 것은 크게 설득력이 없다. 누군가가 국제무역규범을 주권침해적이라고 평가한다면 그것이 두 번째 주권개념에 비추어 요즘 세상이 원래 다 그렇다는 점에서 틀린 말은 아닐 것이다. 즉, 여기서 침해된 주권은 물자와 서비스의 국경통과에 대한 국가의 실질적 통제권이라는 차원의 두 번째 주권개념이다. 우리의 감정이 깊숙이 배어 있는 그 소중한 국내적 주권이 침해된 것은 아니다. 오늘날 WTO가 주권침해적이기 때문에 폐기되어야 한다고 주장하는 진지한 학자가 거의 없다는 점은 시사하는 바가 크다.

물론, 세계화가 제아무리 빠르게 진전된다고 해서 국가의 주권 따위는 중요하지 않다고 말할 사람은 아무도 없다. 주권의 개념이 아무리 다양하더라도 일단 주권이라는 단어를 들으면 누구나 울컥하며 지켜야 할 무언가로 생각하기 마련이다. 사실 우리나라뿐만 아니라 전 세계의 많은 사람들이 첫 번째 범주의 주권개념을 감정적으로 아끼고 사랑하게 된 중요한 계기를 굳이 찾아본다면, 1960~1970년대 전 세계를 사로잡은 탈식민주의 이데올로기가 일정한 영향을 발휘한 측면이 있다고 볼 수 있다. 서구 제국주의의 압제와 착취를 온몸으로 견뎌낸 아시아, 아프리카, 남미의 인민과 정치지도자들은 새로운 세계를 펼쳐나갈 정확한 언어를 찾아내고자 노력했고, 그들이 찾아낸 것이 바로 탈식민주의였다. 그것은 1970년대까지 압도적인 지성인의 가치이자 인민의 담론이었다. 뒤에서 다시 언급하겠지만, 오늘날 너무나 당연하게 보편적 가치라고 이야기되는 '인권'이라는 단어는 — 1948년 세계인권선언(Universal Declaration on Human Rights)의 존재에도 불구하고 — 그 당시 별로 쓰이지도 않았고 중요하게 다루어지지도 않았다. 따라서 1970년대 초에 "우리가 모두 알고 있다시피 인권은 전 인류의 보편적 가치입니다"라고 주장하는 누군가가 있었다면 그는 분명히 미래에서 온 사람이었을 것이다. 당시 전 인류의 보편적 가치라는 것에 가장 근접한 개념은 인권이 아니라 오히려 탈식민주의라는 것이었다.

위대했던 주권

이 탈식민주의는 쉽게 말하면 국가주권 재생운동이라 해도 크게 틀리지 않을 것이다. 제국주의 압제자에게 빼앗겼던 주권을 다시 회복하여 독자적인 민족국가 / 주권국가를 만들어가는 것이 바로 이 담론의 요체였다. 미국을 위시한 서방제국의 신식민주의에 맞서 지켜내야 할 것도 바로 주권이었다. 한국에서 반미주의의 형성 원인에는 한국 현대사와 맞물린 여러 가지 요소가 있겠지만 어찌 보면 가장 대중적으로 형성된 민족주의적 감성의 이면에는 미국을 비롯한 강대국이 우리의 '주권'을 무시하고 침해하고 짓밟는다는 일각의 피해의식이 담겨 있다고 봐야 할 것이다.

문제는 탈식민주의 담론이 사그라진 이후 세상이 많이 달라지면서 주권 담론이 예전 같지 않다는 데 있다. 주권 담론의 변화 또는 변질은 여러 가지 요소에 기인하겠지만, 무엇보다도 인권 담론의 폭발적인 성장과 성공이 큰 역할을 했다고 말할 수 있다. 인권은 근본적으로 주권과 양립할 수 없는 개념이다. 인권은 주권을 파탄내고 침투하고 초월하고 무시하는 개념인 동시에, 주권을 파탄내고 침투하고 초월하고 무시하는 '운동'이었다.

인권 담론을 심각하게 받아들이는 영어권 운동가와 이론가들은 반농담조로 주권(Sovereignty)의 'S'자도 꺼내지 말라는 식의 태도를 보이기도 한다. 영어로 말하자면 'Sovereignty'라는 끔찍한 말이 싫어 그냥 'S-word'라고 하는 것인데, 영어에서 'F'로 시작하는 저급한 욕설을 'F-word'라고 말하는 것에 빗댄 것이다.

여기서 잠깐, 인권과 주권이 왜 그토록 끔찍한 방식으로 서로 상충되는 레토릭이 되었는지 생각해볼 필요가 있다. 그리고 이를 위해서는 인권개념의 불분명한 경계부터 정리할 필요가 있다.

위에서 주권이 매우 모호한 개념이라고 했는데 사실 모호하기는 인권도 만만치 않다. 인권과 주권 모두 너무나 방대한 담론을 수반하는 개념이 되어버리다 보니 포괄하는 범위가 확대되었고, 법적 개념이라고 부르기 어려울 정도로 그 용법이 확산되는 과정을 거쳤다. 인권개념의 모호성으로 인해 이야기하는 사람마다 저마다의 주장과 이념과 입맛에 따라 그 개념들을 사용하는 현상이 필연적으로 나타났고 결국 오늘날 몹시 혼란스러운 모습이 연출된 것이다.

인권개념의 모호성

흔히들 인권은 천부적 자연권 또는 자연법적 권리로서, 인간이 사회를 만들고 법을 만들기 이전에 자연적으로 존재하는 너무나 근본적이고 중요한 선험적 권리라고 말한다. 즉, '법적' 권리('legal' rights)에 대비되는 '인간의' 권리('human' rights)라고 보는 관념이다.

또한, 인권을 헌법상 기본권과 동일시하는 경우도 있다. 국가마다 헌법의 내용이 다르기 때문에 일괄적으로 말하기는 어렵지만 하여튼 정상적인 민주국가의 존재이유는 바로 이러한 기본권적 인권을 수호하는 데 있다는 자유주의적 신념들과 이어진다.

이렇게 보는 관점에 의하면 인권개념은 미국 독립혁명과 프랑스 혁명에서 그 기원을 찾을 수 있다고 한다. 더 거슬러 올라가 고대 철학이라든가 기독교 철학에서 인간에 대한 사유의 흔적이라도 있으면 모두 인권의 기원으로 보는 학자들도 있다. 실제 오늘날 대세는 인권의 정당성을 그 유구한 역사적 정통성에서 찾으려는 설명방식이다. 인류 정신사의 기원을 찾아가다 보면 결국 모든 현자들은 인권이 시대를 초월하는 핵심가치라는 진리를 오래 전부터 간파하여 인권을 주창해왔다는 생각이다. 스토아학파의 보편주의적 세계주의가 인권개념의 연원을 제공했으며 기독교 철학에 기반을 둔 자연법론은 인권개념의 뿌리에 해당한다고 한다. 인권개념의 가장 직접적인 선구자는 16세기 홉스와 17세기의 로크, 그리고 18세기의 몽테스키외, 볼테르, 루소 등 우리나라 학생들이 중고등학교 때 열심히 외우는 바로 그 사람들로서 그들의 이론과 상호작용을 하며 서양사를 뒤바꾼 대사건인 1776년 미국 독립혁명과 1789년 프랑스 혁명이 인권을 역사의 거대한 흐름으로 결정화시킨 계기가 되었다고 한다.

마침내 제2차 세계대전 종전 후 독일의 유대인 학살에 치를 떤 인류는 인간의 권리보호를 국가의 자국민 보호체계에게만 맡겨놓아서는 안 된다는 강한 깨달음을 얻게 되고 ― 독일은 자국민들도 유대인이라는 이유로 학살했다 ― 이러한 깨달음이 유엔헌장에 반영되어 비로소 인권을 국제적으로 보장하는 시대로 접어들었다고 한다. 1948년 세계인권선언은 이러한 인권의 소중함과 보편성을 전 세계적으로 확인하는 역사적 문건이며 국제인권법 체제가 등장하면서 인권은 전 세계의 최고 인기 담론으로 자리 잡게 되었다. 즉, 서구 민족국가의 형성과정에서 법적으로 정리 정돈된 인간의 권리체계가 20세기 중반 이후 유엔헌장으로 대표되는 국제법체계를 만나면서 국제인권법이라는 절대 가치체계가 세상을 지배하기 시작했다는 영웅적인 개념사의 내러티브가 완결되는 것이다.

인권의 (생각보다 짧은) 역사, 그리고 신화

그러나 미국 컬럼비아 대학의 역사학자 모인(Samuel Moyn) 교수는 이와 같은 전통적이고 전형적인 그리고 선형적인 인권의 역사와 기원에 대한 서술이 대부분 현실과 동떨어진 환상이자 인권이 이미 국제적 스타로 발돋움한 이후에 만들어진 일종의 조작된 신화라고 주장한다.[3]

모인은 스토아학파나 기독교 철학 따위는 오늘날의 인권개념과

---

3 새뮤얼 모인이 쓴 『마지막 유토피아: 역사 속의 인권』은 말하자면 인권개념이 역사 속에서 어떻게 발전해왔는가라기보다 어떻게 1970년대 후반에 갑자기 툭 튀어나왔는가라는 관점에서 인권을 살펴보고 있다. Samuel Moyn, *The Last Utopia: Human Rights in History* (Harvard University Press, 2010).

무관하며 자연권 이론에 기반을 둔 미국과 프랑스의 시민혁명은 오늘날 인권과 정반대되는 철학적 방향성을 갖고 있었고 따라서 오늘날 인기스타인 인권의 올챙이 적에 해당하는 과거가 아니라고 설명한다.

여기서 모인은 유명한 정치학자 아렌트(Hannah Arendt)가 언급한 인권개념에 대한 설명을 빌려오는데, 아렌트는 정치공동체에 '소속'됨으로써 부여받는 권리와 그러한 정치공동체를 '초월'하는 인권은 본질적으로 다르다고 지적했다.

자연권론은 한마디로 말해 그냥 내버려두면 서로 싸우다 다 죽어갈 인간들이 자기 권리보존을 위해 국가를 만들고 국가에 권능을 부여하게 되었다는 스토리를 가진다. "만인의 만인에 대한 투쟁"이라는 문구로 유명한 홉스의 이론을 한마디로 설명하면 그렇다는 것이다. 따라서 자연권 개념은 국가주권을 형성하고, 구성하고, 창출하는 이론이 된다. 프랑스 혁명 당시 제기된 인간의 권리는 사실 보편적 인간이라기보다는 특정한 사회계급적 함의를 강하게 내포한 '시민'의 권리로서 시민권적 공간을 만들어내는 원칙이었으며 그러한 공간(주권적 공동체, 국가)의 구성원에게 부여되는 권리를 가리키는 것이었다. 그것은 국가주권을 핵심으로 하는 정치공동체의 내부에서 그 공동체를 전제로 형성되는 권리였으며 시민이라는 국가 내부의 자격을 취득한 이들에게만 주어지는 권리였다.

그러나 오늘날 우리가 열광하는 지배적 담론으로서의 인권은 그

러한 국내적·주권형성적 권리가 아니다. 권리의 장으로서 주권국
가를 초월하고, 주권적 공간 밖에서 또는 그 경계를 넘어 타국의 내
부에서 벌어지는 국가의 횡포와 억압에 개입하고 항의하는 일련의
움직임과 신념체계를 가리킨다. 즉, 오늘날 지구를 지배하는 인권
담론의 핵심은 바로 그 주권파괴적·주권초월적 운동으로서의 특성
에 있다. 그저 이러저러한 듣기 좋은 권리들을 세트로 잘 만들어서
'지키자, 수호하자'라고 캠페인을 하는 것이 아니라, 국가주권의 철
옹성을 넘어 주권적 경계와 마찰하고 그 경계에 흠집을 남기고 보
기 흉한 구멍을 뚫으면서 남의 나라에서 벌어지는 고통에 연대하
는 것이 인권의 핵심인 것이다. 인권은 여기가 아닌 저기, 그리고
우리가 아닌 타자를 지향하는 권리운동이자 근대 국제사회와 국제
법의 기본원칙상 절대지존의 자리를 장악하고 있던 '주권'을 뛰어
넘는 개념이다. 따라서 본질적인 차원에서 미국 독립혁명과 프랑
스 혁명 시기에 발원한(주권 공간의 창출과 양면 관계에 있는) 자유주
의적 권리개념이 오늘날의 인권과 같을 수 없다.

모인은 프랑스 혁명을 오늘날 인권개념의 선구로 보는 것은 에
디슨을 인터넷의 아버지라고 보는 것과 같다고 비유한다. 은방울
자매를 소녀시대의 직접적인 원조라고 부르기 어려운 것과 비슷하
다고 할 수 있겠다.

인권을 주인공으로 하는 성공시대 다큐멘터리를 만든다면 그 스
토리 라인은 대충 다음과 같아야 할 것이다. 인간의 삶과 그 삶을

가꾸어갈 권리라는 것은 최고절대 개념인 주권을 매개로 주권의 경계 안에서 형성되고 부여되는 것이며 "역시 주권은 함부로 건드릴 수 없는 지존의 개념이지"라는 매너리즘적인 생각만 갖고 살던 사람들이 어느 날 갑자기 "주권의 포장 아래 남의 나라에서 벌어지는 비인간적인 사태를 뻔히 보고도 우리가 그 나라의 주권이 최고라는 형식논리에 빠져서 그 허접스러운 주권 따위를 보장해주느라고 그곳에서 자행되는 잔혹행위에 침묵하는 것은 잘못 아닌가!"라는 깨달음을 얻었다는 것, 그래서 적극적인 '운동'에 나섰다는 것, 그러다보니 인권이 전 세계의 최고 보편가치로 우뚝 솟아올랐다는 것, 이것이 인권 스토리의 요체다. 물론, 여기에서 필연적인 비판적 함의를 발견할 수도 있을 것이다. 미국과 서유럽이 공산주의 국가, 과거 식민지였던 후진국 등의 '주권'을 존중해줘야 한다는 법적·정치적 부담에서 벗어나 그런 나라의 내부문제에 아무런 거리낌 없이 참견하는 양태가 어쩌면 인권의 역사와 궤를 같이한다고 볼 수도 있기 때문이다. 본질적으로 인권은 타국의 '주권적' 내부문제에 대한 참견이기 때문이다.

모인에 의하면 오늘날 인권의 성공신화는 정확히 1977년부터 시작되었다. 1977년 이전까지 인권은 비인기 종목이었고 무명의 설움을 겪는 2류 또는 3류 개념에 불과했다. 나치의 유대인 학살로 양심에 충격을 받은 인류가 제2차 세계대전 종전 직후부터 거대한 합창처럼 인권을 부르짖기 시작한 것이 아니라는 점은 오늘날 인권수호의 보루로서 자리매김한 유엔의 역사에서도 여실히 드러난다. 실제 덤바턴 오크스 회의(Dumbarton Oaks Conference)를 비롯한 유엔의 기초를 다지는 회담에 참석한 승전국 대표들 중에 인권개념에 관심을 갖는 사람은 거의 없었다고 한다.

유엔이 국제사회의 악당들에게 강제력을 발휘할 수 있는 근거가 되는 헌장 제7장을 살펴보면 이는 더욱 분명해진다. 유엔헌장 제7장에 의하면 유엔이 회원국들로부터 군대를 모아 지구방위사령부 비슷한 유엔군을 만들어낼 수 있는 근거로는 평화의 위협과 파괴, 침략행위가 있다. 그러나 인권침해는 그 사유로 열거되어 있지 않다. 인권침해의 경우도 포함시키면 어떨까 하는 논의조차 이루어지지 않았다. 유엔헌장 성안이 한창 이루어지고 있던 1945년 샌프란시스코 회의에서 미국 측 수석대표(남성)는 인권을 다루는 부분이 '여성적' 분야라는 이유로 자신은 빠지고 여성 대표단원을 대신 참석시켰다는 에피소드가 있을 정도였다. 당시 미국을 비롯한 전 세계에서 오늘날 상상하기 어려운 여성차별이 버젓이 행해지고 있었다는 현실을 생각해보면 여성적 분야라는 규정이 어떤 의미인지 어렵지 않게 짐작할 수 있을 것이다.

세계인권선언을 주도한 루스벨트(Eleanor Roosevelt, 프랭클린 루스벨트 미 대통령의 부인)와 카생(Rene Cassin) 같은 유명 인사들은 무지하고 수준 낮은 인간들로 가득 찬 식민지에서는 인권개념을 적용하기 어렵다는 공개 발언을 서슴지 않았다고 한다. 이는 세계인권선언 채택 당시의 인권이 오늘날 우리가 생각하는 그 보편적 인권개념과는 거리가 있다는 점을 시사해준다.

국제법 학자들은 국제법이 인권의 정신을 담지해온 정통 분야라고 생각하는 경향이 있다. 오늘날 우리가 국제인권법이라는 말을 자연스럽게 사용하고 실제 전 세계적으로 주창되고 있는 권리의 핵심 목록을 규정한 것이 각종 인권조약을 비롯한 국제인권법이기 때문에 그러한 확신을 갖는 것도 무리는 아니다. 그러나 국제법 학자들의 일반적인 상식(또는 상상)과 달리, 국제법 분야에서도 1977년까지 인권이 별로 관심을 끌지 못하기는 마찬가지였다고 한다. 실제 라우터파흐트(Hersch Lauterpacht) 같은 일찌감치 인권 문제에 천착한 대가들조차 사실 인권이 실질적 영향력을 갖지 못하는 종이 위의 단어에 불과하다는 한탄을 멈추지 못했다.

그렇다면 도대체 1977년에 무슨 일이 일어났던 것인가?

모인이 1977년을 인권 부흥의 결정적 시점으로 보는 이유는 의외로 단순하다. 우선 앰네스티 인터내셔널(Amnesty International: 국제사면위원회)이 1977년 노벨평화상을 수상했다. 모인의 사회사 연구에 따르면 초국경적 운동으로서의 인권개념을 폭발적으로 확산시킨 배후세력은 다름 아닌 앰네스티 인터내셔널이다. 체제변화와 같은 거대담론에는 관심을 두지 않고 양심수 석방을 위한 편지쓰기나 촛불시위 같은 실용적이고 탈이데올로기적인 접근법을 추구한 앰네스티 인터내셔널은 탈식민주의적 감성과 이념에 기반을 둔 혁명의 기운이 저물어가던 1970년대 말 새로운 가치에 대한 대중과 지식인들의 갈망을 인권이라는 새로운 공용어로 단숨에 채워버렸다.[4] 아울러, 유럽안보협력회의(CSCE, 현재 OSCE)에서 1975년 채택된 헬싱키 프로세스가 도입한 인권보호 규정은 소련과 동구권의 반체제 인사들에 대한 서방의 관심을 인권이라는 담론과 결합시킴으로써 짧은 기간 내에 인권의 존재감을 끌어올리는 데 기여했다고 한다. 원래 헬싱키 프로세스 초안 작성 당시 인권에 대한 언급은 매우 의례적이고 일상적인 것에 불과했으며 그 인권 조항이 1977년을 전후로 공산주의 정권의 압제에 저항하는 반체제 인사들과의 연대 운동에 결합될 것이라고 기대한 사람은 거의 없었다는 것이다.[5]

---

4 모인이 소개하는 사례에 의하면 오늘날 가장 영향력 있는 인권단체의 하나인 휴먼 라이츠 워치(Human Rights Watch)의 창시자 래버(Jeri Laber)는 1974년에 앰네스티 인터내셔널을 소개하는 기고문에서 인권이라는 단어를 한 번도 사용하지 않았다고 한다. 인권이라는 단어를 사용하지 않고 도대체 어떻게 앰네스티 인터내셔널의 활동을 제대로 설명할 수 있을까? 오늘날 생각해보면 참으로 기이한 일이 아닐 수 없다.

5 모인이 1977년을 지목하는 마지막 이유는 카터 대통령의 취임이다. 카터는 1977년 취임 시 인권을 미국 대외정책의 핵심 슬로건으로 제시했다. 카터의 연설을 들은 정치인들과 언론은 서로에게 "그나저나, 어제 카터 신임 대통령이 말한 인권이 도대체 뭐야? 미국 사회에서 자주 거론되는 '민권'이랑 같은 개념이야?"라고 물으며 어리둥절해할 정도였다고 한다. 생소한 인권개념이 카터 행정부 덕분에 갑자기 미국에서 가장 인기 있는 정치용어가 되었다는 것이다. 카터 행정부의 출범을 인권개념의 폭발적 성장에 기여한 주요 원인의 하나로 보는 관점은 미국학자인 모인의 주관성을 다분히 드러내주는 측면이 있는 것으로 보인다.

인권개념의 이중성?

역사학자 모인이 제시한 현대 인권 담론사를 다소 길게 소개했는데 그의 역사적 탐구를 모두 받아들이지 않더라도 오늘날 인권개념의 핵심이 그 초국가적 또는 주권침해적 특성에 있다는 점에 대해서는 별다른 이론이 없는 것으로 보인다. 유엔 총회 또는 인권이사회에서 다른 나라의 내부에서 벌어지는 인종차별과 대량학살에 대해 강력한 성토가 이루어지고 대응책이 논의되고 있다는 사실이 이를 간명하게 보여준다. 대다수의 국가들이, 예컨대 시리아에서 전개되는 민간인 학살에 대해 타국 내정에 대한 불간섭 원칙을 들어 침묵하지는 않는다. 그 상황에 대한 개입방식과 정도에 이견이 있을 뿐이다. 오늘날 인권은 자연권론에 입각한 과거의 권리개념과는 분명히 구별되는 새로운 개념임에는 틀림없다. 어쨌든 현대 인권발전사에 비추어 인권개념의 복잡한 용법을 정리할 필요가 있다. 우리는 인권이라는 말을 일상적으로 많이 사용한다. 독재정권에 대한 투쟁에서도 인권을 이야기하고, 직장 내 성희롱 문제를 이야기할 때도 인권을 이야기하며 학생들이 말을 안 들을 때 선생님이 학생들을 한 대 때려야 하는가에 대해 토의할 때도 인권을 이야기한다. 그러나 이러한 용법의 인권은 오늘날 지배적 담론으로 자리 잡은 그 인권개념과는 분명히 거리가 있는 개념이다. 주권의 한계와 경계를 넘어 다른 나라에서 벌어지는 다른 이들의 고통에 연대하는 상황이 아니기 때문이다.

인권의 다양한 용법을 정리하는 여러 가지 방식이 있겠지만, 손쉬운 방법 중의 하나가 '국내적 권리개념'로서의 인권과 '초국가적 운동개념'으로서의 인권으로 대별해보는 접근법이다. 물론 이것은 법적 구별이라기보다는 인권개념의 언어적 용법과 맥락에 근거한 사회학적 구별에 가깝다고 볼 수 있다.[6]

이는 단순한 국내법상 권리와 국제인권법상의 권리를 구별하는 것이 아니다. 국내적 권리로서의 인권은 주권국가를 전제로 주권국가의 내부적 헌법기제를 통해 실현되는 권리를 가리키는 반면, 초국가적 운동으로서의 인권은 주권의 외부에서 논의되고 실현되는 인권 담론을 지칭한다. 국내 변호사가 노동자의 권리를 위해 정부와 회사를 상대로 국내 노동법에 근거한 소송을 제기한다면 그 변호사가 말하는 노동인권은 국내적 권리로서의 인권일 것이다. 반면, 대기업의 제3세계 소재 하청공장에서 일하고 있는 어린이들의 권리를 한국인이 문제 삼으며 그 어린이들의 인권보호를 주창한다면 그것은 초국가적 운동으로서의 인권개념에 해당할 것이다.

우리가 국내법상 권리로서의 인권을 이야기할 때에는 주권 타파와는 거리가 있다. 직장 내 성희롱을 당하지 않을 인권, 선생님에게 체벌을 받지 않을 학생의 권리는 일견 주권침해와 직결되지 않는

6 황준식, 「국내적 인권과 국제적 인권? 인권개념의 이중성에 대한 소고」, 한양법학회, 《한양법학》, 제22권 제3집(2011).

다. 그러나 오늘날 우리가 최고의 보편적 가치이자 지배적 담론이라고 추앙하는 그 인권은 바로 주권과의 상충을 핵심특성으로 하는 초국가적 운동으로서의 인권이라는 점을 유의해야 할 것이다.

인권이 그렇다 치더라도 ……

방금 우리는 인권과 주권이 왜 그토록 서로 상충하는 레토릭인지에 대해 살펴보았다. 오늘날 인류정신을 지배하는 최고 담론으로서의 인권은 바로 주권개념과의 모순과 대칭을 그 요체로 하고 있다. 우리가 세계최고의 보편적 가치이자 담론이라고 떠받드는 그 인권은 주권을 파괴하고 주권을 초월하고 주권을 모욕하고 주권을 하찮게 만드는 개념인 것이다. 전통 국제법은 국가를 유일한 법적 주체로 상정했다. 국제기구 따위는 전통 국제사회에 존재하지도 않았고 다국적기업의 존재도 안중에 없었다. 개인은 국제법상 국가의 보호 또는 관리 대상에 불과했다. 이렇게 국가를 중심으로, 즉 국가주권 개념을 중심으로 구성된 국제법 질서에 파열음을 낸 것이 바로 인권이다. 이제 주권은 인권 앞에서 자신의 존재를 설명하고 정당화해야 하는 초라한 지위로 전락했다. 앞서 거론했듯이 일부 인권운동가들은 주권을 언급하는 것 자체를 혐오하게 되었다. 주권은 감히 입에 담기조차 꺼려지는 더러운 말이 된 것이다. 그리고 외국정부와 국제기구, 국제 NGO들의 인권보장 요구 앞에 독재정권은 그 초라하고 시대착오적인 '주권' 개념을 방패막

이로 제시하는 흉측스러운 모습을 보이곤 한다.

인권과 주권 개념이 정치적 이데올로기 지형에서 자유로울 수는 없었다. 서방의 자유주의 세력 또는 진보 세력은 인권을 탄압하는 제3세계 독재정권이 내세우는 주권이라는 개념을 혐오하나, 똑같이 인권을 주창하는 보수 세력은 그것이 자본주의 시장경제의 인권 문제로 되돌아오는 경우 제3세계 독재정권과 유사한 방식을 취해 이를 주권개념으로 맞받아치곤 한다. 미국 보수주의자들은 국제인권법이 미국의 주권과 헌법체계를 침해한다면서 국제인권법의 정당성과 규범성을 부인해왔다.[7]

우리나라는 어떠한가? 제3세계 또는 우리나라와 같이 피식민 경험을 가진 국가에서 주권이라는 용어가 보수주의자들의 배타적 레토릭으로 전락하는 현상을 발견하기는 어려울 것이다. 진보의 눈에 보수주의자들은 소수의 지배계층과 자본가들에게 유리한 국제질서에 편입되기 위해 미국과 같은 강대국에 주권을 팔아먹은 사람들로 보일 것이고, 보수의 눈에 진보주의자들은 예컨대 북한과 같은 적대국 앞에서 어쭙잖은 평화나 외치면서 국가주권을 포기하는 반역자쯤으로 보일 것이기 때문이다.

여기서 우리나라의 현실 정치 담론과 연결하여 한 가지 지적하

7　미국 법학계의 보수파들은 다양한 수정주의적 이론을 내놓으며 국제인권법의 미국 내 적용에 대해 강력히 반발하고 있다.

자면, 진보주의가 자신들의 이론을 오늘날 국제적으로 퍼진 인권 중심 담론체계와 어느 정도 눈높이를 맞추려면 주권에 대한 집착과 과도한 신념에 대해 비판적으로 되돌아볼 필요가 있다는 것이다. 다소 과장을 섞어 말하자면 진보는 대개 정신적으로 젊고 시대를 앞서가고 현상타파적인 무엇이기 마련인데 난데없이 고리타분하고 '반동적인' 주권개념에 집착하는 것은 뭔가 어울리지 않는다.

이 장 앞머리에서 예로 든 사법주권 운운하는 FTA 반대론도 이러한 측면에서 그 주장의 정당성과는 별개로 반성의 여지가 있다고 본다. 한미 FTA에 대한 반대론은 대부분 진보진영에서 나오고 있는데, 그 진보진영의 입장이 전 세계의 반인권적 반동세력에 의해 사랑받는 '주권'의 언어에 근거하고 있다면 이는 뭔가 적어도 레토릭 전술 차원에서 재고의 여지가 있는 것 아닐까? 게다가 일부 법조인들을 중심으로 제기된 '사법주권' 침해론에서 '사법주권'이라는 단어 자체가 엄밀한 법적 개념이 아니다. 이는 대중에게 어필하기 위한 정치적 표현이라고 볼 수밖에 없는데, 굳이 정치적 표현을 써야 한다면 깊이 성찰되고 진지하게 토의된 진보의 가치와 양립가능한 — 그리고 세계최고의 가치로 굳건하게 자리 잡은 인권의 언어와 정신에 거슬리지 않는 — 다른 레토릭을 찾기를 권유하고 싶다. 그런 정치적 표현을 달리 찾을 수 없다면 그냥 사법권 또는 재판권이라는 좀 더 객관적이고 담백한 표현을 사용하는 것이 낫지 않을까 생각된다. 주권이라는 말을 동원하여 사람들의 감성을 자극하고 선동하는 것이 목표가 아니라면, 그러한 표현들이 좀 더 진보적이고 인권 친화적이고 쿨하지 않을까?

✎ 북한인권법 논란: 정치적 인권과 탈정치적 반인권?

"괴뢰국회"가 만들어갈 "파쑈악법"

북한의 조선민주법률가협회라는 이름을 가진 단체는 2012년 6월 18일 대변인 담화라는 것을 내고 "북인권법 조작으로 초래되는 엄중한 후과에 대한 책임은 전적으로 보수패당이 지게 될 것이다"라면서 "북인권법 조작책동"은 북한에 대한 "또 하나의 엄중한 정치적 도발로, 민족의 화해와 단합, 통일에 역행하는 반민족적·반통일적 망동"이라고 주장했다. 이 협회 대변인은 북한인권법이 만들어지면 이는 국가보안법과 함께 또 하나의 "파쑈악법"이 될 것이라면서 남한의 "보수패당은 19대 괴뢰국회에서 이른바 북인권법이라는 것을 기어코 조작해보려고 발악"하고 있다고 지적했다. 아울러, 이 민주적 법률가들은 "리명박 패당에 의해 무참히 유린된 남조선 인민들의 인권을 보장"하는 법이나 채택하라고 "괴뢰국회"에 촉구했다.

북한의 공식 언론매체를 통해 발표되는 성명이나 논설은 항상 외부인이 보기에 우습고 황당한 표현과 주장들로 가득 차 있는데 이 조선민주법률가협회의 성명도 마찬가지다. 그리고 남한사회의 북한인권법 논란에 대한 북한의 입장을 극명하게 보여준다는 점에서 매우 흥미롭다.

북한의 민주적 법률가들을 흥분시킨 북한인권법은 지금 어디에 있을까? 한마디로 말해 이 법안은 여야 간 대립으로 아직 제대로 논의조차 되지 못하고 있다. 지난 몇 년간 북한인권법을 통과시키기 위한 여당의원들과 일부 단체들의 노력은 의회 내 이견과 여론의 분열로 아직 입법적 성과를 거두지 못하고 있는 것이다. 예컨대, 2008년에 여당의원들을 중심으로 발의된 북한인권법안은 제18대 국회의 폐막과 함께 임기만료로 폐기처리가 되었다. 2012년 제19대 국회가 개원하자 다시 여당의원들이 북한인권법안을 제출했으나 종북과 색깔론 논란 등 정치적 대립의 와중에 진지한 토의는 이루어지지 못하고 있는 실정이다.

북한인권법을 둘러싼 논란은 인권에 대한 철학적 차이라기보다는 북한 문제를 바라보는 우리 사회의 이데올로기적 대립과 갈등을 드러내는 측면이 더 큰 것 같다. 19대 국회 개원과 함께 보수 세력은 종북주의자들의 국회 진출 운운하면서 사상 검증, 국가관 검증을 제기했고, 이에 대해 종북주의자들로 지목받은 사람들과 싫든 좋든 그들에게 묶여 있는 진보 세력은 색깔론에 근거한 한국적 매카시즘의 부활이라며 강력히 반발했다. 이러한 맥락에서, 북한인권법을 찬성하는 측에서는 인권이 인류 보편적 가치이자 탈정치, 탈이데올로기적인 개념임을 강조하며 북한 인권 문제가 북한에 대한 정치적 접근과는 별개로 절대적 당위에 따라 행동해야 할 윤리적 문제라고 주장한다. 북한인권법을 반대하는 측에서는 북한 인권 문제의 중요성을 함부로 부인하지는 못하지만 그 문제를 풀어가는 더 나은—아마도 북한 정권을 덜 자극하는—방법을 찾아야 한다는 입장인 것으로 보인다. 총리를 역임한 모 야당 고위정치인은 북한 인권을 거론하는 것은 '내정간섭'이며 '외교 결례'라고 언급하기도 했는데 이는 이러한 입장의 극단을 보여준다고 할 수 있다.

북한 인권 문제는 심각한 사안임에 틀림없다. 그리고 북한인권법 논란은 그 심각한 문제를 어떻게 풀어갈 것인가에 대한 서로 다른 의견이 존재한다는 엄연한 현실을 보여준다. 북한인권법 제정을 반대하는 사람들을 모두 인권에 대한 인식이 부족한 주사파 내지 종북 세력으로 치부한다거나, 북한인권법 제정을 추진하는 사람들을 두고 너희들이 언제부터 인권에 신경을 썼느냐며 인권의 탈을 쓴 수구 반동세력으로 치부하는 한, 서로 다른 입장들 간에 진지한 토론이 이루어지기 어렵다. 심각한 사안일수록 정치적 강박이나 이데올로기적 편향을 벗어나 솔직하고 객관적인 토론을 통해 사회적 합의를 도출하기 위해 노력해야 하는 것이 건전한 상식이다.

일단 양측은 북한인권(법) 문제에 대한 스스로의 논리가 가진 내재적 비일관성을 직시하고 그 도그마적 태도를 벗어던질 필요가 있다.

인권의 탈정치성?

우선, 북한 인권 문제는 언뜻 생각하는 것만큼 탈정치적인 순수 윤리와 가치의 문제가 아니라는 점을 인정해야 한다. 위에서 언급했듯이 오늘날 전 세계를 지배하고 있는 인권개념은 유구한 인류 정신사에 깊이 뿌리박은 클래식한 개념이 아니라 1977년 이후 우연한 일련의 사건들을 통해 벼락스타처럼 국제무대에 등장했다. 그 이전 사람들은 인권이라는 단어를 별로 사용하지도 않았고 단어 자체에도 큰 울림이나 의미가 없었다. 앰네스티 인터네셔널의 노벨평화상 수상 등을 계기로 1977년 이후 인권개념이 탈식민주의 담론을 대체하는 인류 최고의 탈이데올로기적 지배담론으로 급부상한 이후 인권은 시간이 지나면서 결국 하나의 이데올로기적·정치적 측면을 갖게 되었다. 이는 결코 인권개념의 중요성과 가치를 폄하하는 것이 아니다. 절대적이라고 간주되어왔던 국가주권 개념에 파열을 내면서 전 세계적 운동이자 투쟁으로 확산되기 시작한 인권 담론은 인기가 상승함에 따라 인류의 모든 모순과 고민을 해결할 것을 요구받는 엄청난 부담을 안게 되었고 결국 모든 사람들이 각자 자신의 상황과 처지에 맞게 활용하는 이데올로기적 도구로서의 성격도 겸하게 된 것이다. 이는 성공한 담론의 필연적 운명이라고 해도 과언이 아닐 것이다. 인권은 오늘날 다른 많은 정치사회적 현상 또는 이슈들과 마찬가지로 이데올로기적인 측면, 그리고 정치적 성격을 갖고 있다. 생각해보면 현대사회에서 탈정치적

이라고 부를 만한 것이 얼마나 있겠는가? 정도와 범위의 차이가 있을 뿐이다.

북한 인권 문제도 인권개념 자체에 얽혀 있는 이러한 정치적 성격에서 완전히 자유로울 수 없다. 만일 북한인권법 찬성론자들이 인권의 탈정치성을 교조적으로 강조할 경우 하나의 어려운 모순에 직면하게 된다. 그들은 왜 이란인권법, 중국인권법, 미국인권법, 일본인권법, 르완다인권법, 수단인권법, 예멘인권법, 시리아인권법, 쿠바인권법 등은 제정하려 하지 않는 것인가? 북한 인권 문제가 지구상에서 가장 심각하기 때문에 법제정이 필요하며, 나머지 국가들과 관련된 인권법은 북한인권법부터 제정한 후 천천히 검토할 것이라고 대답할지도 모르겠다. 언뜻 들으면 꽤 그럴듯한 변명이기는 하나 전 세계 각지에서 벌어지는 끔찍한 대량학살과 억압을 생각해보면 북한 또는 어느 특정 국가의 인권 상황이 '가장' 심각하다는 평가는 다소 어폐가 있다. 그리고 실제 여당의 누군가가 "우린 원래 다른 나라 인권법도 제정하려고 준비 중이었다"라고 한다면 그 뻔뻔함에 점수를 줄 수밖에 없을 것이다.

수단인권법, 쿠바인권법을 동시에 제정하지 않는 한 북한인권법을 제정하지 말아야 한다는 식의 주장을 제시하려는 것이 아니다. 북한 인권 문제가 전 세계에서 최악이든 또는 탑 10 리스트에 들든 상관없이 그 인권 문제 해결을 위해 법이 필요하다면 입법을 해야 할 것이다.

그러나 한국에서 북한 인권 문제가 강력하게 제기되는 이유 가운데 하나는 한국의 유권자들이 수단 인권 문제나 시리아 인권 문제보다는 북한 인권 문제에 더 많은 관심을 갖고 있기 때문이라는 점은 자명하다. 북한 인권 문제가 한국의 유권자들에게 어필할 수 없는 문제라면 정치인들은 아마 관심을 갖지 않을 것이다. 또한, 북한 인권 문제를 정치적으로 활용하고자 하는 다양한 이익집단들이 현실적으로 존재하고 있다. 따라서 북한 인권 문제는 정치적이지 않을 수 없다. 이러한 맥락에서, 좋은 의도든 나쁜 의도든 북한 인권 문제의 제기 배경에는 언제나 정치적 이유가 스며들어 있다고 볼 수밖에 없다. 북한 인권 문제에 정치적 성격이 있다고 말하는 것은 북한 인권 문제 거론에 대한 반대나 비판이 아니다. 이것이 정치 문제임을 피차 서로 다 아는 마당에 뻔히 보이는 거짓말을 하지는 말자는 것이다.

인권이 정치적 성격을 갖는다는 점은 또 다른 측면에서 파악할 수도 있다. 미국에서 흑인이나 라틴계에 대한 심각한 인종차별 문제가 발생했을 때 북한 인권 문제에 대해 소리를 높이던 한국 정치인들이 성명을 발표하거나 미국의 인권 문제를 제기하며 미국인권법을 제정하자는 주장을 제기하지 않는다. 이유는 인권의 보편성과 탈정치성을 이해하지 못해서가 아니라 인권 문제에 수반되는 정치적 함의를 정확히 알고 있기 때문이다. 한국 정치인들이 미국인권법을 제정하겠다고 나서는 순간 한미관계가 어떻게 될지 잘 알기 때문에, 즉 미국 인권 문제의 정치(외교)적 함의를 잘 이해하기 때문에 침묵하는 것이다. 중국에서 아무리 심각한 인권탄압이 이루어져도 한국 정치인들은 중국인권법 제정을 주장하지 않고 있다. 이것 역시 중국 인권 문제의 정치(외교)적 함의를 이해하고 있기 때문이다. 이렇게 주변국의 인권 문제에 '정치적' 이유로 침묵하면서 ─ 그 침묵이 반드시 부당하다고 비난하려는 것은 아니다 ─ 유독 북한 인권만큼은 탈정치적 문제라고 주장하는 것은 설득력을 갖지 못한다.

북한 인권 문제는 북한 문제에 대한 한국 내부의 복잡한 정치적·이데올로기적 지형을 고려해볼 때 필연적으로 정치적 함의를 가질 수밖에 없는 것이 현실이다. 북한인권법 제정이라는 정당한 주장과 신념을 내세우면서 굳이 탈정치성이라는 일관성이 결여된 논거를 제시함으로써 북한 인권 문제 제기 필요론의 설득력을 스스로 깎아내리는 것은 현명하지 못하다. 북한 인권 문제가 정치적 성격을 가진다는 점을 솔직히 인정하는 것은 오히려 북한인권법 제정 반대자들을 설득하는 대화의 계기를 제공해줄 수도 있을 것이다.

내정간섭 불가?

반면, 북한인권법 제정 반대론자들이 북한을 덜 자극하는 방향으로 인권 문제의 해결 실마리를 잡아가야 한다는 주장을 한다면 그것이 현실적 전략 차원에서 일면 타당성을 가질 수 있을지는 모르지만, 원칙적 차원에서 오늘날 인류사회의 주류담론으로 자리 잡은 인권개념의 핵심적 특성을 이해하지 못하는 시대착오적 주장이라는 평가를 피해가기 어려울 것이다.

인권은 본질적으로 내정간섭이고 주권 타파적이다. 인권은 깔끔하게 정돈된 권리 목록을 가리키는 기술적 개념이 아니라 피와 눈물과 땀이 뒤범벅된 복잡하고 지저분하고 뜨거운 반주권적 투쟁이자 운동이었기 때문에 오늘날 인권이라 불리는 최고지존의 가치가 되었다. 따라서 북한인권법 제정은 내정간섭이 되기 때문에 삼가야 한다는 말은 본질적으로 앞뒤가 맞지 않는다. 원래 인권이란 그런 것이다. 내정간섭을 할 의지와 용기가 없다면 인권이라는 말을 거론하지 않는 것이 맞다. 그것이 인권의 본령에 충실한 태도이다.

북한인권법 제정 반대론자들은 북한주민들의 실질적 생존권을 보장할 수 있도록 인도지원을 중심으로 인권 문제를 풀어가야 한다고 주장하기도 한다. 그것은 결코 억지주장이 아니며, 합리적인 상식의 범위 내에서 충분히 서로 토론해갈 만한 가치가 있는 매우 현실적인 명제이다. 다만, 그것을 인권이라고 부르는 것은 뭔가 잘 안 맞는다는 것이다. 그것은 북한 인권을 위한 노력이 아니라 말 그대로 북한주민 인도지원 문제이다.[8] 북한인권법 제정이 진실로

8 인도주의 문제와 인권을 혼동하는 사례는 정치권과 언론뿐만 아니라 학계에서도 종종 발견되는데 인도주의 문제와 인권은 엄연히 구분되는 개념이라는 점을 기억해야 한다. 인도지원 단체와 인권 단체는 서로 같지 않다. 아울러, 뒤에서 살펴보게 되듯이 국

한반도 평화에 도움이 되지 않는다고 믿는다면 북한 '인권'운동에는 반대하고 북한 '인도지원' 운동이라든가 (소액주주 운동이라는 말과 느낌이 약간 비슷한) 북한주민 권리 찾아주기 운동이라는 다소 온건한 이름을 붙이는 것이 타당할 것이다. 그리고 인권 담론이 한반도 문제 해결에는 도움이 되지 않는다는 점을 합리적으로 설득할 이론적 틀을 제시해야 한다. 압제자의 '주권'과 '내정'을 존중하면서 인권을 운운하는 것은 모순이고 기만이다.

인권 문제의 필연적 정치성, 그리고 인권과 주권 간의 본질적 모순성을 각자 솔직히 인정하는 반도그마적 태도를 갖는다면 북한 인권 문제 해결을 향한 사회적 합의 도출 또는 적어도 그러한 합의 도출을 위한 대화의 시작은 한결 쉬워지지 않을까 생각된다.

북한인권법 제정의 실효성

또 하나의 솔직한 대화가 필요한 부분이 있다. 그것은 북한인권법 제정이 과연 북한의 인권 문제 해결을 위한 가장 핵심적인 또는 가장 효과적인 방법인가 하는 점이다.

그간 국회에서 발의되어온 여러 북한인권법안의 주요 내용을 살펴보면 북한인권자문위원회, 북한인권재단, 북한인권기록보존소

제인도법과 국제인권법은 서로 구별되는 개념이다. 국제인도법은 사실 전쟁법(무력충돌법)을 지칭하는 용어이기 때문이다.

와 같은 북한 인권 관련 조직을 창설하고, 북한인권대사직 신설이라든가 통일부장관에 대해 북한 인권 기본계획 수립 의무를 부과하는 내용 등이 주를 이루고 있다. 단기간 내에 북한 인권 증진효과를 거둘 수 있는 획기적이고 혁신적인 내용이라기보다는 주로 장기적인 효과와 인식 재고를 지향하는 정부의 조직과 임무에 대한 법안이라고 할 수 있다.

북한인권법 제정이 얼마나 큰 효과를 거둘 것인지는 과학적으로 평가하기 어려운 문제다. 북한 인권 문제에 대한 인식을 재고하고 민간자율의 북한 인권운동을 위한 기반을 조성하거나 관련 자료를 축적하여 장기적인 인권 목표 달성에 기여하는 등 북한인권법의 여러 긍정적 효과(편익)와 남북관계에 대한 악영향 등 북한인권법 제정을 통해 야기될 수 있는 부정적 효과(비용)를 비교평가해서 편익이 비용을 초과한다면 그 법을 제정해야 할 것이고 그렇지 않다면 북한인권법 제정이 아닌 다른 방법을 모색해야 할 것이다. 그러나 그 누구도 그 편익과 비용을 객관적으로 평가할 수 없을 것이다. 결국 끝없는 정치적 논쟁만이 이어질 수밖에 없다. 생각해보면 정치사회적 성격을 갖는 입법 중에 그러한 명료한 비교평가가 가능한 입법이 얼마나 있을까? 결국 이 문제 역시 다른 모든 입법과 마찬가지로 건전한 사회적 토론과 의회정치의 성숙한 역량으로 해결하는 것 외에 뾰족한 수가 없을 것이다.

어쨌거나, 북한인권법 제정이 얼마나 큰 편익을 야기할 수 있는

지에 대해서는 실제 잘 생각해볼 필요가 있다. 이것은 북한인권법 제정론자들이 입증책임을 져야 하는 부분인 것으로 생각된다. 북한인권법 제정을 통해 무엇을 성취할 수 있는지에 대한 구체적 비전도 없이 무턱대고 탈정치성, 보편적 가치 운운하며 북한인권법 반대자를 종북주의자로 몰아세우는 데만 급급하다면 그런 법안 제정 추진은 범국민적 지지를 받기 어려울 것이다.

일견 북한인권법은 상징적·정치적 효과 외에 큰 실익을 갖기 어려울 것으로 생각된다. 미국은 일찌감치 2004년에 북한인권법을 제정해두었는데, 이 법은 북한 인권 문제의 심각성을 상기시키면서 북한 인권 증진과 탈북자 지원을 위한 여러 정책적 기반을 제공하고 있다. 미국의 북한인권특사는 바로 이 법에 의해 설치된 직위이다.[9] 그러나 그 실질적 성과에 대해서는 평가가 엇갈리고 있다. 북한 인권 문제를 국제사회의 주요 의제로 올려놓는 성과가 있었다는 찬사가 있는 반면, 북한 인권운동 단체가 미국의 북한인권법 제정을 계기로 미국 정부로부터 뭔가 의미 있는 재정지원을 받을 수 있을 것으로 기대하고 왔다가 빈손으로 실망하며 돌아갔다는 이야기도 자주 들려온다. 북한인권법이 당장의 엄청난 변화를 가져올 만한 혁신적인 제도와 정책 또는 민간단체에 대한 직접적이

---

9 이 법(North Korean Human Rights Act of 2004)은 2008년 및 2012년에 연장되어 효력을 지속하고 있다.

고 구체적인 재정지원을 규정한 것은 아니기 때문이다. 일부 탈북자 문제 전문가들은 이 법안 통과 이후에도 미국이 받아들인 탈북자의 숫자에 큰 변화가 없다는 점을 지적하면서 상징적 차원을 넘어선 실질적 성과는 별로 없다고 평가하기도 한다. 사실 여러모로 보아 북한인권법은 미국 의회와 정부가 북한 인권에 대해 각별한 관심과 우려를 갖고 있다는 상징적 선언으로서의 가치가 크며, 그 가치는 결코 쉽게 평가절하할 수 없을 것이다.

이론적 차원에서 손쉽게 떠올릴 수 있는 북한인권법의 효용이 하나 있다면 그것은 한국의 협상력 제고일 것이다. 만일 북한인권법이 북한의 인권 문제에 대한 가시적 성과 없이 남북 간 경제협력이나 대규모 대북지원을 금지한다는 규정을 두고 있다면, 이는 양날의 칼이 될 수 있다. 즉, 남북 교류와 화해를 가로막음으로써 실질적인 평화진전 노력을 방해할 수도 있는 반면, 한반도 주변정세가 묘하게 돌아가서 북한이 한국의 긴급한 대규모 지원에 의존할 수밖에 없는(현재로서는 다소 막연한 상상의 영역으로만 남아 있는) 상황이 도래하는 경우에 북한인권법의 그러한 조항은 한국이 북한을 돕기 위해서는 인권 문제를 거론할 수밖에 없다는 점을 북한에 명확히 이해시킴으로써 한국의 협상력을 제고하는 효과를 낼 수 있다. 우리 측 대표가 "당신들이 인권 문제를 해결하려는 노력을 안 하면 당신들을 도와주지 말라고 법에 규정되어 있으니 어쩌겠나"라고 말할 때 북한은 그것이 우리 협상대표의 블러핑이 아니라는 점을 알게 되는 것이다. 경제학에서 말하는 이른바 위협의 신뢰도 (credibility) 제고와 관련된 문제라 할 수 있다.

그러나 방금 언급한 협상력 제고라는 효용은 다소 극단적인(그리고 단순화된) 상황을 전제로 상상해볼 수 있는 하나의 작은 가능성에 불과하다. 지금까지 국회에서 거론되거나 토의된 북한인권법안에 그러한 조항이 포함되어 있던 적도 없다. 거의 모든 북한인권법안의 입법취지와 효용은 인권 문제의 보편성과 절대성이라는 원칙론적 철학에 기대고 있으며 이는 법안 제정의 효과가 상징적·정치적 수준에 머무를 수밖에 없다는 점을 시사한다. 북한인권법 무용론도 받아들이기 어렵지만, 북한인권법이 당장 커다란 변화를 가져올 대단한 무언가인 듯 포장하는 것도 삼가야 한다는 결론을 내릴 수밖에 없다.

물론 실효성이 부족하다는 이유는 북한인권법을 제정하지 말아야 하는 이유가 될 수는 없다. 상징적·정치적 효용이라도 그 입법의 비용에 비해 충분히 크다는 국민적 공감대가 형성된다면 입법을 추진해야 할 것이다. 결국 정치의 문제다.

북한 인권 문제, 그리고 북한인권법 문제는 결코 쉽게 해결될 수 있는 사안이 아니다. 위에서 인권개념의 최근 이론적 논의에 비추어 냉정하게 살펴보았듯이 북한 인권 문제를 두고 서로 대립하는 두 진영은 모두 스스로 생각하는 것처럼 나무랄 데 없는 완벽한 논리로 무장되어 있지도 않고 상대방의 논리가 그렇게 엉터리이거나 반국가적이지도 않다. 이 문제를 현실 정치에서 풀어나가기 위해서는 타당성을 결여한 도그마 — 즉, 인권은 절대보편의 가치이니 군말 말고 따르라는 허위적인 탈정치론이나 인권은 내정간섭이니 거론하지 말아야 한다는 시대역행적인 사고 — 를 버리고 각자 북한 인권 담론의 한계를 인정하는 데서 대화를 시작해야 한다. 반대편을 모두 적대시하고 싸잡아 비난하는 태도로는 아무것도 이룰 수 없으며, 이 중요한 문제에 대해 절실하게 필요한 사회적 토론 역시 불가능할 것이다.

✎ 들어가며: 테러, 전쟁, 그리고 법

　오늘날 국제법의 여러 쟁점들 중 거의 이념적 논쟁이라 할 정도의 치열한 논란의 대상이 되고 있는 분야를 손꼽으라면 아마 미국의 대테러 전쟁 문제를 빼놓을 수 없을 것이다. 9·11 테러 이후 이 분야에서는 서방의 권위 있는 언론매체나 학술지에서조차 법이론적 정합성을 제대로 갖추지 못한 이념과잉 또는 실용주의 만능의 주장들이 난무해온 것이 현실이다. 그릇된 논리들이 상호 원용의 반복 재생산 과정을 거치면서 아무 실정법적 근거가 없는 이론이 버젓이 학자들에 의해 원용되는 모습도 종종 발견된다.

　이 장에서는 지난 수년간 국제정치와 국제법을 고리타분하기만 한 현학적 담론이 아닌 치열한 정치적·이념적 논란의 장으로 이끌었던 이 흥미진진한 논의 주제를 좀 더 객관적인 시각으로 살펴보고자 한다. 우선 2001년 이후 대테러 전쟁 논란이 제기되어온 맥락과 배경을 되돌아본 후, 이러한 논란을 체계적으로 이해할 수 있는 키워드를 제공해주는 무력충돌의 국제법에 대해서 살펴보도록 한다. 여기서 우리가 주목해야 하는 것은 무력충돌을 다루는 규범이 가진 의외의 특성이다. 무력충돌을 다루는 규범에 숨겨진 남다른 속성을 이해하지 못한다면 이 문제에 대해 제대로 논쟁을 하기 어려울 것이기 때문이다. 그리고 이러한 무력충돌 규범에 대한 이해를 바탕으로 미국의 대테러 정책을 둘러싼 논란을 본격 해부해볼 것이다.

이것은 세계 최강국 미국이 9·11 테러라는 전대미문의 테러공격을 겪은 이후 걸어온 위태로운 성공과 실패의 길에 대한 지적 호기심 차원의 관찰에 머무르지 않는다. 실제 여전히 북한과 군사적 대치상태에 있는 우리로서는 천안함 사건과 연평도 포격사건 등을 통해 무력충돌이 현실의 법적·정책적, 그리고 이념적 문제로 우리 앞에 제기될 수 있음을 실감했다. 무력충돌에 관한 국제규범은 우리 사회에서 우리끼리 또는 우리 밖의 누군가와 목숨을 걸고 논쟁해야 할 쟁점으로 언제든 다가올 수 있는 것이다. 이러한 점을 감안하여 이 장의 마지막 부분에서는 시선을 우리 자신에게 돌려 한반도의 현실적 문제에 무력충돌 규범이 어떻게 적용될 수 있는지, 이 과정에서 발생할 수 있는 자못 흥미로운 오해와 착각은 무엇인지 생각해보도록 한다.

✎ 9·11 테러와 군사적 모델

2001년 알카에다에 의한 9·11 테러는 여러 면에서 기존의 테러공격과는 차원이 달랐다. 우선 그것은 진주만 공습 이래 세계 최강국 미국의 본토가 외부세력의 직접적인 무력공격을 받은 첫 사례이자 단일 테러공격으로서는 거의 사상 최대 규모인 3,000명가량의 사망자를 야기한 커다란 사건이었다. 또한, 뉴스에 화염과 잔해만이 사후 보도되는 일반적인 사건사고와 달리 뉴욕 한복판에서 그 도시의 상징이라 할 수 있는 거대한 쌍둥이 건물이 항공기와 충돌하여 무너져 내리는 끔찍한 광경이 전 세계에 거의 생중계되다시피 했다. 건물이 무너져 내리기 전 창가에서 구조요청을 하다가 뜨거운 화염을 견디지 못하고 수십 층 높이에서 뛰어내리는 피해자들의 모습이 영상에 잡히기도 했다. 그 생생한 비극의 현장을 무기력하게 지켜봐야 했다는 사실 자체가 미국인들에게는 씻을 수 없는 상처를 주었다. 설사 미국의 잘못된 중동정책이 알카에다 테러 세력을 키웠다는 비판적 입장을 갖고 있다 하더라도 무고한 민간인들을 무차별 살상한 이러한 테러행위가 정당하다고 보는 사람은 없을 것이다.

이 잔혹하고 유례없는 테러공격에 대한 미국의 대응은 21세기 국제관계의 흐름에 커다란 영향을 주었는데, 이는 미국이 9·11 테러에 대응하는 방식으로 형사적 모델이 아닌 군사적 모델을 선택했다는 점과도 깊은 관련이 있다. 수사기관이 범죄수사 기법을 통해 테러용의자를 찾아내고 이 용의자를 추적, 구속하여 법정에 세우는 것이 형사적 모델이라면, 9·11 테러를 하나의 무력공격(armed attack)으로 간주하고 이에 대한 자위권(self-defense) 차원의 군사력으로 대응하는 것이 군사적 모델이라고 할 수 있을 것이다. 9·11 테러에 관련된 알카에다 조직원들에 대해 형사적 모델이 완전히 배제된 것은 아니었지만, 미국의 주된 대응방식은 군사적 모델이었다. 이러한 군사적 모델은 알카에다 세력을 비호하고 있던 아프가니스탄 탈레반 정권에 대한 무력공격, 그리고 이라크에 대한 침공이라는 형태를 취했다. '테러와의 전쟁(war on terror)'이라는 슬로건은 단순한 정치적 비유를 벗어나 하나의 정책강령으로 자리 잡기에 이르렀고, 미국은 이라크, 아프가니스탄, 그리고 인접한 파키스탄 국경지역에서 탈레반 및 알카에다 세력과 힘겨운 '전쟁'을 펼쳐왔다. 그리고 9·11 테러 발생 10주년을 몇 달 앞둔 2011년 5월, 미국 특수부대(SEAL)는 파키스탄의 고급 가옥에 은신 중이던 알카에다 지도자 오사마 빈 라덴을 사살한다. 빈 라덴을 사살한 미 특수부대의 작전은 법집행 공무원이 법원에서 발부받은 영장을 들고 용의자를 찾아가는 체포작전이 아닌 정예 군사요원들에 의한 군사작전이었다. 빈 라덴이 사망한 이후에도 미국의 알카에다와 그 연계세력에 대한 군사작전은 지속되고 있다. 특히, 최근에는 무인항공기를 통한 공습이 논란의 중심을 차지하게 되었다.

이러한 미국의 대테러 전쟁은 국가안보와 법치주의 사이의 심각한 딜레마를 보여주었다. 부시 행정부는 국가안보를 위협하는 세력을 차단하고 궤멸시키기 위해서는 거추장스러운 국내법적 규제(예컨대, 범인을 체포할 때 읽어주는 미란다 원칙이라든가 형사법정에서 유죄를 이끌어내기 위해 준수해야 하는 여러 엄격한 형사소송법적 규칙들)에 구속되어서는 안 된다고 보았다. 군사적 모델(전쟁 모델)은 자국민을 해치려는 계획을 꾸미고 있는 적에게 복잡하고 까다로운 절차 없이 죽음을 안겨줄 수 있는 유용한 개념과 정책의 틀을 제공해주는 것처럼 보였고, 무엇보다도 군사력의 사용에서 미국을 당해낼 자는 이 세상에 없기 때문에 미국으로서는 최적의 선택으로 간주되었을 것이다.

그러나 이 과정에서 미국 정부의 대테러 정책은 대내외적으로 다양한 정치적·법적·도덕적 비판에 직면해왔다. 특히, 인권과 전쟁법을 둘러싼 논란이 확산되었다. 이라크 아부그라이브 수용소에서 미군들이 수감자들을 모멸하는 사진이 언론에 공개되었고, 테러용의자에 대한 고문을 사실상 허용하는 부시 행정부의 법적 검토의견(이른바 '고문 메모')도 외부에 알려졌다. 미국 내에서 이 문제를 둘러싼 논쟁은 극단적인 당파적 대립의 양상을 보이기도 했다. 대테러 전쟁에서 붙잡힌 '적 전투원'들을 수감하기 위해 미국 정부가 쿠바 관타나모 기지에 마련한 수용소는 미국의 대테러 전쟁이 야기한 모든 복잡한 난제의 상징으로 부각되었다. 전쟁 자체로 인한 미군의 출혈도 결코 작지 않았다. 2006년경에는 이라크와 아프가니스탄에서 전사한 미군의 숫자가 3,000명을 넘었으며, 미국인들은 이미 베트남전의 악몽을 떠올리고 있었다.

미국의 대테러 군사적 모델과 이를 뒷받침하는 정책 논리, 그리고 최근 빈 라덴의 사살에 이르기까지 미국을 정치적으로 또는 도덕적으로 비판하고 넘어가는 것은 쉬운 일이다. 그러나 법적 측면은 늘 그렇듯이 좀 더 차분하고 세밀한 검토가 필요하다. 사실 지난 수년간 미국의 대테러 정책이 전개되어온 방향을 조금만 자세히 들여다보면 예상 외로 다이내믹한 반전들이 숨어 있음을 알 수 있다. 국내법과 국제법의 팽팽한 긴장관계, 한물 간 학술 문제로만 여겨졌던 '전쟁법'의 화려한 부활, 그리고 법원과 의회, 행정부 간의 엎치락뒤치락하는 견제와 균형의 정치과정 등을 생생하게 보여주는 사례들이 가득 담겨 있기 때문이다.

✒ 무력사용의 법, 본질과 한계

시작의 법과 계속의 법

미국의 대테러 정책 논란을 냉철하게 이해하고 평가하기 위해서는 그러한 논란의 핵심에 자리 잡고 있는 무력사용에 대한 국제법을 알아둘 필요가 있다. 우리가 '전쟁법'이라는 단어를 흔히 사용하지만 사실 전쟁법은 무력사용을 다루는 두 가지 국제법 분야 중 하나에 불과하다는 점을 유념해야 한다. 무력사용을 다루는 국제법의 가장 큰 특징은 그것이 '무력사용의 개시 상황'과 '일단 무력사용이 개시된 이후 무력사용이 계속되고 있는 상황'을 구분하여 서로 다른 규범체제를 적용한다는 점이다. 전쟁법은 후자에 해당하는 법이다. 국제법은 이렇게 무력사용 자체의 합법성 문제와 무력사

용이 개시된 이후 무력충돌이 전개되는 과정 속에서 행해지는 행위의 합법성 문제를 구별한다.[1]

예컨대, 북한이 한국을 침공하기 위해 준비하고 있다고 가정해 보자. 북한군이 갑자기 장갑차와 장사정포를 전진배치하고 공군기지에 배치된 전투기들의 연료를 가득 채워 넣자 남측 군 정보당국은 북한의 행동에 의심을 갖기 시작했다. 결정적으로 북한이 가뜩이나 길게 군복무를 하는 일반 사병들의 전역을 연기하는 조치를 취하자 남측은 북측의 침략이 임박했음을 깨닫고 최선의 방어는 공격이라는 격언에 따라 북한에 대한 선제적 공격에 나서기로 결정했다. 대한민국 공군은 우선 최정예 전투기를 출격시켜 휴전선 인근 북한 전방 기갑사단을 초토화시킨 후 후방에 있는 군수공장들을 폭격했다. 그 결과 공장이 파괴되고 인접한 민간인 거주지도 상당한 피해를 입었다. 선제공격을 당한 북한은 1,000만 명의 인구가 밀집해 있는 한국의 수도 서울을 향해 장사정포와 미사일을 집중적으로 쏟아 부었고 이로 인해 수만 명의 서울시민이 사망했다.

현실에서 절대 일어나서도 안 되고 일어나기도 어려운 이 가상적 사례에는 우리가 식별해낼 수 있는 여러 법적 쟁점들이 혼재해 있다. 우선, ① 북한이 휴전선 지역에 장갑차와 장사정포를 전진 배

---

1 법학자들은 무력사용 개시의 규범은 *jus ad bellum*, 무력사용 개시 이후의 규범은 *jus in bello* 라는 라틴어 명칭으로 구별하기도 한다.

치시키면서 무력침략을 준비한 행위에 대해 한국이 선제공격을 가한 것은 합법적인 무력사용인가? ② 한국의 전투기가 파괴한 북측 기갑사단과 군수공장은 각각 합법적인 표적(target)인가? ③ 군수공장에 인접한 민간인 거주지에 피해를 입힌 것은 합법적인 전투행위로 볼 수 있는가? ④ 수도 서울에 대한 북한의 장사정포와 미사일 공격에 대해서는 어떠한 법적 평가를 내릴 수 있는가?[2]

위의 문제들 중 ①번은 '무력사용의 개시'와 관련된 쟁점이다. 남북한의 무력사용 준비 또는 무력사용 자체가 국제법의 원칙상 허용되는가의 여부를 다루는 것이다. 남측은 임박한 위협에 대응하여 국가안보를 지키기 위한 합법적 예방 차원에서 자위권(self-defense)을 행사했다고 주장할 것이고, 북측은 (자신들이 무력남침을 준비했다는 사실을 부인하면서) 이러한 예방적 자위권이 국제법상 허용되지 않는다고 주장할 것이다. 여기에 적용되는 대표적인 조약은 다름 아닌 유엔헌장이다. 남북한이 모두 당사자로 가입하고 있는 유엔헌장은 국가의 무력사용을 일괄적으로 금지하고 있다. 다만, 예외적으로 국가가 외부의 무력공격을 받을 때에 한해 자위권을 행사할 수 있다고 규정하고 있다. 또한, 유엔 안전보장이사회가 국제평화를 지키기 위해 무력사용을 허가 또는 요청하는 경우에도

---

2 남북문제에 대해 법적으로 논의를 하다보면 늘 우리 헌법상 북한의 국가로서의 지위 문제가 걸리는데, 편의상 이 가상적 시나리오의 분석에서는 북한의 국가성 문제는 제쳐두기로 한다.

예외적으로 무력사용에 나설 수 있다.

나머지 문제들은 모두 '일단 무력사용이 개시된 이후 계속되는 상황', 즉 무력충돌이 존재하는 상황에서 국가와 개인이 취하는 행위의 합법성에 대한 문제이다. 전쟁법(무력충돌법, 국제인도법)은 바로 이러한 상황에 적용되는 규범이다.[3] 군부대와 군수공장은 합법적인 표적이므로 무력충돌 상황에서 그러한 부대와 공장을 파괴하는 것은 적법하다. 아울러, 그 과정에서 민간인이 사망했다 하더라도 정당한 군사행위를 통해 얻어지는 이익과 비교하여 합리적인 범위 내의 피해라면 민간인 사망에 대해 법적 책임을 묻지 않는다. 반면, 군사시설이 없는 민간인 밀집지역에 장사정포와 미사일을 쏟아부은 행위는 국제인도법의 심각한 위반이라고 평가할 수 있다.

여기서 중요한 것은 이렇게 무력사용에 대한 두 가지의 규범체계가 서로 무관하다는 점이다. 위의 사례에서 남북 간 무력충돌이 누구의 잘못 때문에 발생했는가(무력사용 개시의 문제) 하는 문제는

---

3 전쟁법의 명칭 문제를 간략히 정리하면 다음과 같다. 쉽게 말해 오늘날 전쟁법(law of war)이라는 말은 잘 쓰이지 않는다. 전쟁이라는 것이 두 주권국가 간 본격적인 무력충돌이라는 고전적 개념을 가리키는 데 반해, 현대사회의 무력충돌은 그러한 고전적 전쟁보다는 비국가행위자(반란단체, 민족해방운동, 테러단체 등)를 일방 당사자로 하는 내전 또는 비국제적 무력충돌의 형식을 취하는 경우가 더 많기 때문이다. 따라서 오늘날 무력충돌을 규율하는 국제법 체계는 무력충돌법(law of armed conflict) 또는 국제인도법(international humanitarian law)이라고 불린다. 무력충돌법과 국제인도법은 사실상 같은 의미이며 학자들도 필요에 따라 혼용하고 있다. 이하에서는 전쟁법, 무력충돌법과 국제인도법을 같은 의미로 사용한다.

남북이 각자 벌이는 개별적 무력행위 자체의 합법성(무력사용이 개시된 이후의 행위 문제) 문제와 상관이 없다. 북한이 침략자이든 남한이 침략자이든 양측은 모두 동등하게 전쟁법 / 국제인도법을 준수할 의무를 지닌다. 1950년 6월 25일 북한의 남침으로 인해 한국전쟁이 발발한 것은 사실이지만 그렇다고 해서 국제인도법상의 의무가 북한에게만 온전히 부과되고 침략의 피해자인 대한민국은 국제인도법으로부터 자유로운 것이 아니었다. 침략에 맞서 싸운 대한민국과 유엔 참전국들에게도 국제인도법 준수 의무가 부과되었다. 국제인도법은 침략자에 대한 벌칙으로 부과되는 행동의 제약이 아니기 때문이다.

전쟁법은 형용모순?

〈사랑과 전쟁〉은 한때 우리나라 시청자들의 큰 인기를 얻었던 프로그램으로서 부부간 갈등과 이혼 문제를 다루는 일종의 전문극이다. '사랑과 전쟁'이라는 말은 가장 깊은 사랑을 기반으로 결합되어야 할 부부가 갈라서기 시작하면 거의 전쟁과도 같은 갈등과 홍역을 치러내야 한다는 아이러니한 현실을 적나라하게 표현한 제목일 것이다. 영어권에서 흔히 쓰이는 진부한 표현 중에 "All's fair in love and war"라고 하여 양자의 공통점을 표현한 것도 있다. 자고로 사랑과 전쟁에서는 수단과 방법을 가리지 않아도 좋다는 지혜 아닌 지혜를 담은 말이다. 그러나 영어권 국제법 학자들은 바로 이 문장의 그릇됨을 지적하면서 전쟁법 기본강의를 시작하는 경우가 많다. 사랑은 모르겠지만, 적어도 전쟁에서는 수단과 방법을 가려야 한다는 것이다.

사실 '전쟁법'은 형용모순처럼 들린다. 국가와 국민의 생존을 걸고 끔찍한 살육을 마다하지 않는 '전쟁'에서 한가로이 '법'을 이야기하는 것이 타당하기나 한가? 군인이 국가를 지키기 위해 자신의 목숨을 걸고 전장에 나가 적군과 싸우는데 어쩌다 알량한 '법'을 지키지 않았다는 이유로 그 애국자를 처벌이라도 하겠다는 말인가? 국가의 존망이 걸린 전쟁 상황에서 군 지휘관이 국가를 지키기 위한 자신의 군사전략이 혹시 '법'에 어긋나는지 법무관에게 상의라도 해야 한다는 말인가? 양민학살과 같은 자명한 범죄행위에 대해서는 당연히 형사처벌을 가해야 하겠지만 기민한 전술적 판단이 요구되는 급박한 전투현장의 행위에 대해 '법'의 잣대를 들이댈 수 있을까? 적군이 아무런 법과 도덕의 규제도 받지 않은 채 무자비한 전투행위를 벌이고 있을 때에도 우리군은 법규를 따져가며 전쟁을 해야 하는가?

언뜻 떠오르는 상식에 비추어 전쟁법 / 국제인도법은 그 누구도 지키지 않는 공허한 이상주의적 구호에 불과한 것처럼 보인다. 그러나 전쟁법의 발전과정을 찬찬히 들여다보면 의외로 나름 탄탄한 역사적 기반을 갖고 있다는 사실을 알 수 있다. 일부 학자들은 기원전 28세기경 수메르 지역 우르크의 전설적 지도자 길가메시가 역사상 최초의 공세적 전쟁행위를 벌였다는 기록을 근거로 전쟁이라는 것이 최소 5,000년 가까운 역사를 갖고 있다고 보는데, 그러한 전쟁행위를 어떠한 형태로든 규제하기 위한 각양각색의 원칙과 규칙, 또는 터부(taboo)가 그에 못지않은 긴 역사를 갖고 있다고 한다. 물론, 로마제국의 경우에서 볼 수 있듯이 오늘날 군형법과 유사한 측면이 있다고도 볼 수 있는 규율이 있었음에도 불구하고 로마제국 군대의 살상과 약탈, 납치는 무제한적이었다. 그러나 기원전 이집트와 인도 등 여러 문명의 발상지에서 포로의 대우, 잔인한 무기사용의 제한 등이 논의되고 실천된 기록이 발견되고 있다. 『손자병법』에서도 비록 법이 아닌 효과적인 전쟁승리의 책략을 논하는 차원이기는 했지만 적군에 대한 적절한 관용과 인도적 대우의 필요성을 역설하기도 했다. 유럽의 기사도라는 것도 기사계급들 사이에서만 적용되는 행동규범이었고 비기독교인 또는 농민계급에 대해 가해지는 잔혹한 행동을 제어할 수단이 없었지만 어쨌든 원초적 형태의 전쟁법규를 보여주는 것이었다.

　과거부터 전쟁을 규율하는 원칙과 행동규범이 존재해왔으며 이는 현실과 유리된 일부 이론가나 도덕주의자들의 광야의 외침이 아니라 주권자 또는 권력자들의 필요에 따른 정책으로 활용되고 실천되어온 것이다. 물론 완벽할 수는 없었다. 전쟁이 수반하는 약탈과 무자비한 살육은 인류의 역사 어느 시점에서나 존재해왔다. 그러나 과거 살인과 방화, 강도가 판을 쳤다고 해서 인류 사회에 법

(국내법)은 아무 의미가 없었다고 말하지 않듯이, 인류는 전쟁의 경험 속에서 군주와 나라를 지키기 위한 군사적 행동에도 어느 정도 제약이 존재해야 하며 그러한 규범적 제약의 존재가 도덕적으로뿐만 아니라 냉철한 이해타산의 관점에서도 필요하다는 점을 인식해왔던 것이다. 19세기에 본격적으로 체계화되기 시작한 전쟁 관련법과 관습들은 20세기 들어 두 차례에 걸친 세계대전의 대참화를 겪으면서 1949년 제네바 협약을 중심으로 하는 국제인도법(international humanitarian law)의 형태로 발전되어왔다.

국제인도법은 무력충돌과 군사작전의 여러 가지 현실적 필요성에 부합한다. 예컨대, 과도한 무력사용을 규제하는 원칙은 무력사용의 경제성이라는 군사학적 원칙과 일맥상통한다. 또한, 국제인도법을 무시하는 비인도적 행위는 동맹국의 여론을 악화시켜 군사적 지원확보를 어렵게 하는 경우가 많으며 반대로 국제인도법의 준수는 무력충돌의 종식에 기여할 수 있다.

실제 각국의 군 지휘관들이 이야기하는 국제인도법의 필요성은 더욱 의미심장하다고 할 수 있다. 군 지휘관들은 자신들의 전략적 판단을 규제하는 국제인도법을 거추장스럽게 여길 것이라 짐작하기 쉽다. 그러나 실전경험을 갖춘 장교들은 오히려 국제인도법의 준수 필요성을 강조하는 경향이 있다. 여기에는 대략 세 가지 정도의 이유가 있는 것으로 보인다. 첫째, 적국으로부터 자국 병력과 민간인들에 대한 인도적 대우를 보장받기 위해 상호주의적인 차원에서 국제인도법의 준수를 중시하게 된다. 둘째, 전통과 명예를 중시하고 이에 자긍심을 갖고 있는 군은 제네바 협약을 위시한 국제인도법의 준수를 강조하게 된다. 부시 행정부의 고위직 법률자문관들이 테러용의자에 대한 강압적 심문기법이 합법이라는 판단을 내렸을 때 일부 미군 장교들은 이것이 적군 포로에 대한 고문을 금지하는 (제네바 협약에 기반을 둔) 미군의 전통에 위배되는 일이라며 반발했다고 한다. 군인정신이 정말로 의미를 가진다면 국제인도법에 대한 존중은 군인정신의 비중 있는 요소가 되는 것이다. 셋째, 국제인도법의 준수는 군 기강과 밀접한 관련을 갖고 있는 것으로 알려져 있다. 전장에서 민간인을 함부로 학살하고 민간 재산을 마음껏 약탈하는 군인 범죄자들이 처벌받지 않고 아무 일도 없다는 듯이 군 생활을 할 수 있는 군대라면 전쟁이라는 극한 상황 속에서 지휘관의 명령과 위엄 또한 존중받기 어려울 것임은 짐작하기 어렵지 않다.

잘 알려지지 않은 제네바 협약의 혁신

현실에서 벌어지는 수많은 무력충돌 사례들에 대해 올바른 규범적 평가를 내리기 위해서는 현대 국제인도법을 개략적으로라도 알아둘 필요가 있다. 다소 교과서 같은 설명이 필요하겠지만 국제인도법의 핵심적인 내용을 살펴보면 이 규범체계의 흥미롭고 독특한 특성을 이해할 수 있다.

국제인도법의 현대적 생성과정과 법원(法源)을 한꺼번에 보여주기 위해 다소 과감한 단순화를 시도한다면, 국제인도법은 헤이그(Hague)법과 제네바(Geneva)법으로 구성된다고 말할 수 있다. 헤이그법의 요체는 '1907년 헤이그 제4규정(Hague Regulation IV)'이며 제네바법의 요체는 4개의 '1949년 제네바 협약' 및 2개의 '1977년 제네바 협약 추가의정서'라고 할 수 있다.

1907년 헤이그 제4규정이 만들어진 배경은 한국인들에게 너무나 익숙한 1907년 헤이그 만국평화회의다. 고종황제의 밀사들이 회의장에 들어가지도 못한 채 울분을 토하고 있는 동안 제국주의 열강의 대표들은 그 회의장 안에서 전쟁법에 대한 다수의 협정을 채택했다. 그중 하나가 지상전의 법과 관습에 대한 협약(제4협약)으로서, 이 협약에는 전투원과 포로의 자격 등에 대한 깨알 같은 전쟁법 규정들이 부속서로 첨부되었는데 바로 이 부속서가 오늘날까지 유효한 전쟁법의 내용으로 남아 헤이그 제4규정이라고 불리는 것이다. 국제법 학자들은 이 헤이그 제4규정에서 채택된 가장 중요한 원칙으로서 "적을 해치는 수단을 선택하는 교전자의 권리는 결코 무제한적이지 않다(not unlimited)"라는 규정을 들고 있다. 아울러, 백기를 내보일 경우 이는 휴전을 논의하자는 신호이므로 백기를 든 병사를 함부로 공격하거나 기습공격을 위해 거짓으로 백기를 이용하면 안 된다는 규정 등 우리가 흔히 알고 있는 전쟁의 관습과 원칙들이 이 헤이그 제4규정에 적혀 있다.[4]

제네바 협약은 비교적 널리 알려져 있는 편인데, 이 제네바 협약의 원조는 19세기 말 앙리 뒤낭(Jean Henri Dunant)이 창시한 국제적십자위원회(International Committee of the Red Cross: ICRC)라고 할 수 있다. 우리나라에서는 대한적십자사가 헌혈 또는 남북 이산가족 상봉과 관련해서 언론에 자주 등장하기 때문에 적십자를 일반적인 의미의 구호단체라고 생각하기 쉽지만 실제 ICRC는 무력충돌법의 역사와 밀접한 관련을 갖고 있다. 1859년 오늘날 이탈리아 롬바르디 지역에서 벌어진 솔페리노 전투에서 부상병들이 아무런 도움도 받지 못한 채 참혹하게 죽어가는 현장을 목격한 뒤낭은 국제적십자위원회를 창설하고 1864년 전시 부상병 보호를 위한 제네바 협약 채택을 주도한다. 이 협약은 몇 차례 개정을 거치면서 부상병과 포로에 대한 인도적 대우를 규정하게 되었다. 그 이후 제1, 2차 세계대전을 겪은 국제사회는 전쟁의 참화로부터 인류를 지키기 위한 국제입법에 나서게 되었고, 그 결과 1949년 4개의 제네바 협약이 채택되었다. 여기서 4개는 각각 부상자(2개), 포로, 그리고 민간인의 보호를 다루고 있다. 1977년에는 제네바 협약을 보충하는 추가 의정서 2개가 채택되었다.

1949년 제네바 협약은 국제인도법에 몇 가지 혁신을 가져온 것

---

4   헤이그법에서는 백기를 휴전협상을 위한 대화제의의 표식으로 규정하고 있으나, 여러 나라의 전쟁관습상 백기는 항복의 표시로도 널리 쓰이고 있다.

으로 평가받고 있는데 그중 가장 중요한 것은 공통 제3조라고 할 수 있다.

4개의 제네바 협약 각각에는 서로 동일한 또는 거의 유사한 조항들이 있다. 이렇게 4개의 협약에 공통적으로 규정되어 있는 조항들을 공통조항이라고 부른다. 그중 4개 각 협약에 공통적으로 규정된 제3조(공통 제3조, common Article 3)는 '비국제적 성격'의 무력충돌에 대한 규정을 담고 있다. 이 공통 제3조의 도입을 통해 이제 무력충돌은 국제법상 크게 두 가지 유형으로 나뉘게 되었다. 하나는 국가 대 국가의 무력충돌(국제적 무력충돌, 즉 전쟁)이고, 다른 하나는 국가 대 비국가행위자 또는 비국가행위자들 간의 무력충돌(비국제적 성격의 무력충돌)이다. 일반적으로 비국제적 무력충돌이라 함은 스페인 내전(1936~1939)과 같은 내전을 염두에 둔 것이었지만, 뒤에서 살펴보게 되듯 9·11 테러 이후 미국이 이라크와 아프가니스탄에서 벌인 '대테러 전쟁'도 이러한 비국제적 무력충돌로 간주될 수 있다. 공통 제3조의 혁신적 성격은 국가 간의 전쟁뿐만 아니라 한 국가 내부에서 벌어지는 내전도 이제 국제법의 규제대상이 되었다는 데 있다.

공통 제3조는 비국제적 무력충돌(non-international armed conflict)에서 전투에 직접 참여하지 않는 사람들(부상병, 붙잡힌 병사 포함)을 보호하기 위한 규정으로서 이들에 대한 폭력, 살인, 고문, 인질, 존엄성 훼손, 법원의 판결이 없는 처벌 등을 금지하고 있다. 공통 제3

조는 원래 비국제적 무력충돌에만 적용되는 규정이지만 내용상 너무나 중요하고 근본적인 인도주의적 원칙을 담고 있기 때문에 오늘날 다수의 학자들은 이를 모든 종류의 전쟁과 무력충돌에 기본적으로 언제나 적용되는 관습법으로도 간주하고 있다.

제네바 협약의 또 다른 주요 특징은 이른바 '중대한 위반(grave breaches)'에 대한 보편관할권의 도입이다.[5] 제네바 협약은 고의적 살인, 고문, 생체실험, 커다란 고통의 유발이나 심각한 상해, 군사적으로 정당화될 수 없는 재산의 파괴 등을 '중대한 위반'으로 규정하고 있다. 협약 당사국은 이러한 중대한 위반을 저지른 자에 대해 국적과 상관없이 기소하거나 아니면 다른 당사국에서 재판을 받도록 범죄인을 인도해야 한다. 이를 국제법학자들은 "기소하거나 인도하라"라는 명령형 법언으로 표현하고 있다. 예컨대, 외국에서 벌어진 무력충돌 과정에서 민간인을 잔혹하게 살해하여 제네바 협약의 중대한 위반을 저지른 외국군 지휘관이 한국으로 도망쳐왔다면, 그 사건이 한국과는 아무런 상관이 없더라도 한국 정부는 그 외국군 지휘관을 붙잡아 기소해야 한다. 만일 한국 검찰이 이 지휘관을 기소하지 않는다면 그 외국군인을 재판하겠다고 벼르고 있는

---

5 보편관할권(universal jurisdiction)이란 어떤 범죄에 대해 범죄자의 국적, 피해자의 국적, 범죄발생 장소 등에 전혀 상관없이 전 세계 모든 국가가 그 범죄자를 기소할 수 있음을 가리키는 말이다. 주로 해적행위, 전쟁범죄, 반인도범죄 등에 대해 보편관할권이 적용된다고 보고 있다.

다른 나라에 인도해야 하는 것이다.[6] 사실 "기소하거나 인도하라"
의 원칙은 엄밀한 의미의 보편관할권이 아니라고 볼 수도 있다. 이
원칙은 해당 협약 당사국 사이에서만 적용되는 원칙이고, 보편관
할권은 말 그대로 특정 협약의 가입 여부에 상관없이 모든 국가들
에 대해 적용되는 것이기 때문이다. 그러나 사실상 지구상의 거의
모든 국가들이 제네바 협약에 가입했다는 점, 그리고 제네바 협약
의 내용이 관습법상 널리 인정되고 있다는 점 등을 감안하여 제네
바 협약의 적용 역시 보편관할권이라는 개념으로 설명되고 있다.

  유엔 회원국의 숫자가 193개인데 제네바 협약의 당사국은 194
개이므로[7] 우리가 떠올릴 수 있는 거의 대부분의 국가들은 제네바
협약에 가입했다고 해도 과언이 아니다. 따라서 제네바 협약은 범
죄자의 국적에 상관없이 어디서나 중대한 위반을 자행한 자를 기

---

6 '중대한 위반'과 유사한 개념으로 언론에서 비교적 자주 등장하는 전쟁범죄(war
   crimes)라는 말이 있다. 국제형사재판소(International Criminal Court) 규정은 '중대한
   위반', 기타 국제적 무력충돌 관련법의 심각한 위반, 공통 제3조의 심각한 위반, 기타
   비국제적 무력충돌 관련법의 심각한 위반 등을 전쟁범죄로 보고 있다.
7 192개국은 유엔 회원국인 동시에 제네바 협약의 당사국이다. 최근 새로 독립한 남수
   단은 유엔에 가입했으나 아직 제네바 협약에는 가입하지 않은 상황이다. 제네바 협약
   의 당사국이면서 유엔 회원국이 아닌 2개국은 바티칸과 쿡아일랜드이다. 참고로, 세르
   비아의 일부였던 코소보는 2008년 독립을 선포했으나 아직 유엔 회원국이 되지 못하
   고 있으며 제네바 협약에도 가입하지 않았다. 타이완 역시 중국이 '하나의 중국 원칙'
   을 강경하게 고수하고 있어 유엔에 참여하지 못하고 있으며 제네바 협약의 당사국도
   아니다.

소, 재판할 수 있는 법적 근거가 되고 있다. 물론 대부분의 국가들은 자기 나라와 전혀 상관없는 사건에 대해 관할권을 행사하지 않으려는 경향이 있어서 순수한 의미의 보편적 관할권에 입각한 재판이 이루어지는 경우는 현실적으로 매우 드물다.

무력충돌의 존재: 국제인도법 또는 국제인권법?

국제인도법 / 무력충돌법의 가장 중요한 전제는 무력충돌(armed conflict)의 존재이다. 이는 너무나 자명한 명제처럼 들리지만 사실 상당히 중요한 함의를 지닌다. 무력충돌이 존재하느냐의 여부에 따라 적용되는 규범이 완전히 달라지기 때문이다. 이는 뒤에서 살펴볼 한반도 문제(남북 간 군사충돌)에서도 상당히 중요한 의미를 지닌다.

일단, 단순한 사례로 우리나라의 군인이 다른 나라의 군인을 쏘아죽인 경우를 생각해보자. 만일 우리나라와 그 다른 나라 사이에 무력충돌이 존재하는 상황이라면 여기에는 국제인도법이 적용되며, 따라서 우리 군인의 살상행위는 (구체적인 정황에 따라 평가가 달라질 수도 있겠지만) 일반적으로 보아 합법적이라고 평가될 수 있다. 전쟁 상황에서 적군을 살해한 행위는 일반적으로 용납되고 장려되는 행위이기 때문이다. 그러나 무력충돌이 존재하지 않는다면 국제인도법이 아니라 일반적인 평시의 법률이 적용되며, 그 군인의 행위는 형법(군형법)상의 평가를 받게 된다. 정당방위와 같은 위법성 조각사유가 존재하지 않는 한 그 군인은 살인죄로 처벌을 받게 될 것이다. 오늘날 국제인권법이 국내법 체계를 통해 내재화되어 있고 국내법 체계는 국제인권법의 제약을 받는다는 점에서 이러한 평시의 법률은 어떻게 보면 국제인권법이라고 볼 수 있다. 이러한 맥락에서 국제법학자들은 국제인권법과 국제인도법의 관계라는 문제를 제기하기도 한다.

일단 무력충돌이 시작되면 국제인도법이 적용되기 시작한다. 따라서 국제인도법의 적용문제에서 가장 처음 던져야 하는 질문은 바로 무력충돌이 존재하느냐이다. 이것은 항상 대답하기 쉬운 질문은 아니다. 제네바 협약은 무력충돌의 존재를 판가름할 그 어떠한 기준도 제시하지 않고 있다. 다만, 국제적(국가 간) 무력충돌과 비국제적 무력충돌을 구분하고 있을 뿐이다.

외관상 무력충돌처럼 보이면서도 사실은 국제인도법의 적용을 촉발시키지 못하는 다양한 유형의 무력사용 사례가 있다. 두 나라의 군대가 서로를 향해 총과 대포를 쏘아대며 기 싸움을 벌이기는 하지만 실제 전면적인 전쟁으로는 이어지지 않은 경우도 있고, 서로 인명피해가 발생하기는 했지만 단기간의 충돌로 그치는 경우도 있다. 서로 앙숙인 국가들의 국경수비대들이 국경선을 사이에 두고 서로 총격을 해대는 경우도 생각해볼 수 있다. 무력충돌의 존재 여부를 기계적으로 판단할 수 있는 일치된 기준이 있는 것은 아니지만 대부분의 경우 주된 판단기준은 충돌의 지속성과 해당 당사국의 의도라고 할 수 있다.

공통 제3조가 적용되는 비국제적 무력충돌의 경우에는 단순한 강도, 인질극, 사회적 혼란 또는 폭동과 같은 사회적 폭력사태와 구별할 필요가 있다. 조직화된 반란군이 국가의 특정지역을 확고히 장악하고 중앙정부와 맞서 싸우는 전형적인 내전의 경우에는 무력충돌의 존재를 의심할 여지가 없으나, 반란군이 특정 지역을 장악하지 못한 채 게릴라식으로 무력저항을 전개하는 경우에는 무력충돌의 존재 여부를 법적으로 판별하기가 쉽지 않을 것이다. 무장괴한들이 호텔이나 공연장에 난입하여 민간인들을 인질로 붙잡고 경찰과 강도 높은 총격전을 벌이는 경우가 실제 종종 발생하곤 했는데, 이 경우에는 설사 그 무장괴한들이 정치적 목적을 가진 반란군의 일원이라 하더라도 무력충돌이 존재한다고 보기는 어려울 것이다. 비국제적 무력충돌의 존재 문제는 구(舊)유고슬라비아 국제형사법원(ICTY)에서 다루어진 바 있다.[8] 이 법원은 공통 제3조가 적용되는 비국제적 무력충돌이 존재하는지의 여부를 따지기 위해서는 해당 충돌의 강도(intensity)와 그 충돌 당사자의 조직화 등을 판단해야 한다고 판시했다.

---

8 유엔 안전보장이사회는 구유고슬라비아(보스니아, 세르비아 등) 지역 내전에서 발생한 참혹한 반인도범죄와 전쟁범죄를 처벌하기 위해 1993년 특별 국제형사재판소(International Criminal Tribunal for the Former Yugoslavia)를 설립했다. 이 특별국제형사재판소는 국제인도법의 발전에 큰 기여를 해온 것으로 평가받고 있다.

무력충돌의 존재 여부를 법적으로 명쾌하기 판단하기 어렵다는 현실은 국제인도법이 처한 어려운 여건을 잘 보여준다. 국가 간 전면전이 발생하는 상황에서는 무력충돌의 존재를 부인하기 어렵겠지만, 미국의 대테러 전쟁, 이스라엘을 둘러싼 복잡한 충돌뿐만 아니라 여러 나라에서 심심치 않게 발생하는 무장 테러세력의 도심 공격 및 인질극, 그리고 한반도에서 종종 발생하는 남북 간 교전과 해상충돌 등 언제나 무력충돌이 존재한다고 선뜻 단정하기 어려운 경우도 많이 있다. 이러한 상황에서는 무력충돌의 성격규정 자체가 고도의 정치문제로 변질되는 경향이 나타나기도 한다. 국가들은 내부 반란군 또는 적군을 처리하는 과정에서 국제인도법을 적용하는 것이 유리할지 또는 일반적인 평시 법규를 적용하는 것이 유리할지를 정치적으로 판단하여 무력충돌의 존재문제에 대한 입장을 결정하려는 성향이 있기 때문이다.

역시 잘 알려지지 않은 두 가지 원칙

국제인도법은 기본적으로 살상을 허용하는 법이다. 평상시를 배경으로 하는 것이 아니라 무력충돌의 존재를 전제하기 때문이다. 전쟁터에서 군인이 적군을 맞닥뜨렸을 때에는 살상이 최우선의 선택이다. 적군을 체포하기 위해 노력하다가 그래도 안 되면 어쩔 수 없이 차선책으로 죽이는 것이 아니라는 뜻이다. 적군을 보자마자 쏘아죽인 군인은 ― 그 적군이 항복의사를 밝혔거나 부상으로 이미 무력

화되어 있는 상황이 아닌 한 — 살인죄로 기소되지 않는다.[9]

물론 전쟁이라고 하여 아무나 또는 아무렇게나 죽일 수 있는 것은 아니다. 이렇게 무력충돌이라는 비인간적인 살상의 현장에서 최소한의 인도적 원칙을 구현하기 위해 고안된 것이 바로 구분의 원칙과 비례성의 원칙이다. 이 두 가지 원칙은 국제인도법의 가장 중요한 핵심 원칙이라고 할 수 있다.

구분의 원칙은 쉽게 말해 군사적 표적과 민간을 구별해야 한다는 것이다. 전쟁터에서 군인과 군사시설을 겨냥해서 총을 쏘고 폭격을 하는 것은 허용되지만, 민간인과 민간시설을 겨냥하여 공격하는 것은 구분의 원칙에 위배된다. 군 기지 안에서 일하는 민간인은 안타깝지만 군사적 표적에 포함되어 이러한 민간인이 군 기지 공격과정에서 사망하더라도 구분의 원칙에 위반되는 것으로 보지 않는다.

실제 전쟁에서 군인과 군 시설을 노리고 공격을 하더라도 항상 군인과 군 시설만 타격을 받는다는 보장은 없다. 목숨을 걸고 싸우는 숨 막히는 전쟁터에서 한 치의 오차도 없이 표적을 타격하는 것은 사실상 불가능하다. 최첨단 정밀무기가 발달한 현대사회이지만

---

9 이는 너무나 당연한 말이지만 오늘날 복잡한 국제분쟁의 현실 속에서 큰 의미를 갖는다. 예컨대, 미국이 알카에다 소속 테러리스트를 발견했을 때 그 테러리스트를 사살해도 되는가의 문제는 결국 무력충돌이 존재하느냐의 문제로 귀결된다고 볼 수 있다. 이에 대해서는 잠시 후 다루도록 한다.

여전히 부수적 피해를 100% 예방할 수는 없다. 군 기지를 향해 수십 발의 포격을 하다보면 최소한 한두 발의 포탄이 인근 민가에 떨어져 민간인 사상자가 발생할 수도 있고, 이동 중인 군 병력을 기습 공격하는 과정에서 마침 그 도로를 지나가던 민간인이 총격을 받을 수도 있다.

그렇다면 군사적 표적을 공격하는 과정에서 부수적인 민간인 피해 발생이 예상되는 경우에는 어떻게 해야 할까? 예컨대, 적군이 강력한 대공무기를 민가와 인접한 야산에 배치한 경우 우리군의 입장에서 이 무기를 파괴하는 것이 꼭 필요하지만 그 과정에서 주변의 민간 거주지역도 불가피하게 피해를 입게 되는 상황이라면, 공격을 계획하고 있는 지휘관은 신중을 기할 수밖에 없다. 원칙적으로 이런 경우에는 가능하다면 그 지역에 살고 있는 민간인들에게 군사공격이 임박했으니 대피하라고 경고해야 한다. 그러나 전쟁터에서 그러한 경고가 항상 가능한 것이 아니기 때문에 민간인 피해를 감수하고 공격에 나설 수밖에 없다.

이 경우에 적용되는 것이 바로 비례성의 원칙이다. 즉, 군사공격으로 인해 예상되는 군사적 이익과 그 과정에서 발생하는 부수적 민간 피해 사이의 균형을 맞추어야 하며, 과도한 민간 피해가 발생하는 공격행위를 해서는 안 된다는 것이다. 군사적 이익과 사람의 생명을 비교하여 균형을 맞춘다는 것은 선뜻 받아들이기 어려울 수도 있다. 그러나 그것은 냉정하면서도 현실적인 법원칙이다. 비례성의 원칙은 냉혹한 무력충돌의 현실과 인도주의적 이상을 조화시킨 국제인도법의 정수를 축약적으로 보여준다. 즉, 군사작전을 통해 민간인 사상이라는 부수적 피해가 발생하더라도 그 군사적 이익에 비해 민간인 피해가 지나치지 않는다면 허용된다는 것이다.

비례성의 원칙은 단순한 민간인 피해 규모를 보는 것이 아니라 군사적 이익과의 상대적 비교를 요구하고 있음에 유의해야 한다. 군사적으로 거의 중요하지 않은 적 기지를 공격하는 과정에서 민간인이 10명 사망한 경우와 군사적으로 매우 중요한 적 기지를 공격하는 과정에서 민간인 100명이 사망한 경우를 비교해보자. 실제 비례성의 원칙이 충족되었는지의 여부는 구체적인 정황과 여건을 상세히 살펴야 하겠지만, 여기서는 10명이 사망한 경우가 오히려 비례성의 원칙에 더 위배된다고 볼 여지도 있다. 사망자의 숫자는 적지만 그 공격으로 인해 얻은 군사적 이익에 비해 과도하다는 평가가 가능할 수 있기 때문이다. 반면, 사망자 100명이라는 대규모 민간인 피해가 발생했더라도 그 공격으로 인해 얻은 군사적 이익이 충분히 크다면 비례성의 원칙에 위배되지 않는 것으로 평가될 수도 있으며, 그 공격을 감행한 지휘관은 전쟁범죄자로 기소되지 않을 수 있는 것이다.

✎ 미국의 대테러 전쟁

지금까지 살펴본 무력사용의 국제법에 대한 기본적 이해를 바탕으로 미국의 대테러 전쟁에 대해 생각해보자. 9·11 테러 발생 이후 미국이 취해온 일련의 군사적 행동들은 21세기 무력사용 국제법의 현주소를 적나라하게 보여주는 계기가 되었다.

9·11 발생 직후 알카에다가 배후 세력임이 드러나자 미국은 알카에다의 핵심지도부가 은신해 있는 아프가니스탄을 침공했고, 결국 아프가니스탄을 통치하고 있던 탈레반 정권을 붕괴시켰다. 탈레반 세력은 지금까지 아프가니스탄 산간지역과 파키스탄 국경지대에 은신하면서 — 그리고 미국의 무인기 공습 때문에 늘 하늘을 쳐다보면서 — 미국과 아프가니스탄 신정부를 상대로 끈질긴 무력저항을 계속해왔다. 미국은 탈레반 정권을 축출한 이후 사담 후세인이 통치하는 이라크가 대량살상무기를 은밀히 개발해오고 있다면서 테러와의 전쟁을 이라크로 확대시켰다. 미국의 이라크 침공은 후세인 정권의 몰락을 가져왔고 미국의 일시적 점령기간을 거친 후 새로운 이라크 정부가 수립되었다. 미국 정부와 국제사회가 뒤늦게 깨달았듯이 미국이 이라크에서의 전쟁에 몰두하는 동안 아프가니스탄의 상황은 더욱 악화되어가고 있었다. 탈레반이라는 세력은 정권붕괴와 함께 소멸하는 단일 정치세력이라기보다는 광범위한 반외세 무력항쟁의 네트워크 형태를 통해 존재하는 것처럼 보였

다. 아프가니스탄은 과거 미국의 지원을 받아 소련의 침공을 격퇴시킨 경력을 갖고 있는 외세축출 강국이었다. 오히려 최악의 상황으로 치닫는 것 같았던 이라크는 상대적으로 안정화 추세를 보이며 오일머니를 바탕으로 본격적인 국가재건에 나서고 있으나 상당수의 전문가들이 아프가니스탄에 대해서는 비관적인 전망을 내놓고 있는 현실이다.

무력사용 개시의 문제

위에서 이미 언급했듯이 무력사용의 국제법은 '무력사용 개시'의 규범과 '무력사용 개시 이후'의 규범으로 대별된다. 우선 무력사용 개시의 차원에서 미국의 아프가니스탄 침공과 이라크 침공에 대해 각각 어떠한 평가를 내릴 수 있을까?

유엔은 9·11 테러가 발생한 직후 미국이 자위권을 행사할 수 있다는 점을 확인했다. 즉, 9·11 테러 공격은 미국의 정당한 자위권을 발동시키는 미국에 대한 무력공격(armed attack)에 해당한다고 본 것이다. 미국이 9·11 테러를 자국에 대한 무력공격으로 간주하고 국가와 국민을 지키기 위해 자위권을 발동할 수 있다는 점에 대해서는 그다지 큰 논란이 없었던 것으로 보인다. 일부 학자들은 알카에다가 국가행위자가 아닌 비국가 테러 네트워크임을 지적하면서 자위권의 대상은 '국가'에 제한되며 국가가 아닌 알카에다에 대해서는 자위권을 행사할 수 없다고 주장하기도 했으나, 실제 그렇게 해석해야 할 실정법적 근거는 별로 없는 것으로 판단된다. 자위권을 규정하고 있는 유엔헌장 제51조에는 국가의 자위권 상대가 반드시 타 국가여야 한다는 규정이 없기 때문이다. 이렇게 9·11 테러가 미국에 대한 '무력공격'으로 간주되었다는 사실은 미국이 형사적 모델뿐만 아니라 군사적 모델(군사력을 동원한 자위권 행사)을 채택할 수 있는 중요한 법적 근거가 되었다.

문제는 알카에다를 공격하기 위해서는 알카에다를 비호하고 있던 아프가니스탄(탈레반 정권)을 공격해야 했다는 점이다. 실제 탈레반 정권은 9·11 테러라는 무력공격과 직접 관련이 없기 때문에 미국의 자위권 대상이라고 보기 어렵다. 알카에다 같은 비국가행위자들이 무력공격의 주체가 되는 경우 이러한 문제가 발생하게 된다. 비국가 테러세력을 공격하기 위해서는 그들이 공해상 또는 그 어느 나라에도 속하지 않는 무주지에 숨어 있지 않는 한 은신처 또는 활동 본거지로 삼고 있는 어떤 '나라'의 영토를 타격해야 하기 때문이다. 만일 탈레반 정권이 빈 라덴을 비롯한 알카에다 핵심 지도부를 미국에 순순히 넘겨주었다면 미국의 입장에서 탈레반 정권을 공격할 명분을 찾기 어려웠을 것이다. 그러나 탈레반 정권과 같은 극단주의 세력이 미국에 협조할 리가 없었다. 미국의 부시 대통령은 테러세력을 비호하는 자는 테러세력과 동일하게 취급하겠다고 선언하고, 아프가니스탄으로 침공해 들어갔다.

자국에 대한 무력공격을 야기한 적(enemy)과 그 적을 비호하는 정부를 동일하게 취급하여 자위권의 대상으로 삼을 수 있다는 법적 근거는 무엇인가? 이 부분은 다소 법이론적으로 논란의 여지가 있는 것이 사실이지만, 전반적으로 국제사회와 학계는 탈레반 정권을 대상으로 하는 미국의 자위권 행사를 합법적이라고 평가하는 데 큰 어려움이 없었다. 자위권은 원칙적으로 필요성과 비례성의 제약 속에서 실시되어야 한다는 것이 통설이자 국제판례의 입장인데, 아프가니스탄 탈레반 정권에 대한 공격은 알카에다에 대한 정당한 자위권 행사의 불가피하고 필요한 범위 내에 든다는 해석이 충분히 가능하기 때문이다.

그러나 이라크 침공으로 넘어가면 문제가 달라진다. 이라크 후세인 정권은 알카에다와 직접 관련도 없고 9·11 테러공격과도 무관했다. 미국도 이를 부인하지는 않았다. 다만, 대량살상무기가 테러세력에게 넘어가는 것을 막기 위해서는 이라크가 은밀하게 불법적으로 진행해온 대량살상무기 개발을 막아야 한다고 주장하며 이라크를 압박하기 시작한 것이다. 미국 정부와 일부 학자들이 이라크 침공의 법적 근거로서 드는 대표적인 이론 두 가지는 예방적(선제적) 자위권과 기존 유엔결의 해석이었다.

예방적(선제적) 자위권은 지금 우리나라를 상대로 한 무력공격이 현재 진행형으로 발생하고 있는 것은 아니지만 우리나라에 대한 현저한 위협이 임박해 있는 상황에서 국가를 보호하기 위해 미리 사전예방 차원에서 공격을 통해 위협을 제거할 수 있다는 것이다.

이에 대해서는 학자들과 각국 정부들의 의견이 첨예하게 대립되어 있는 상황이어서 이 문제에 대해서는 하나의 국제법적 정답이 있다고 보기 어렵다.

또 다른 이라크 공격 옹호론은 기존의 유엔결의 해석론인데 이는 과거 이라크의 쿠웨이트 침공과 관련하여 채택된 일련의 유엔 안보리 결의(1990~1991)에 입각해 있다. 당시 유엔은 안보리 결의를 통해 미국 주도 연합군의 무력사용(쿠웨이트 해방을 위한 이라크 공격)을 허가했고, 패퇴한 이라크에 대해 각종 무기개발 금지 등 여러 징벌적 조건을 담은 휴전 결의를 채택했다. 이라크가 다시 대량살상무기 개발에 나선 것은 바로 이 유엔 안보리 결의상 휴전 조건을 위배한 것이므로 이라크에 대한 애초의 무력사용 허가가 다시 자동적으로 발동한다는 것이었다. 십여 년 전의 유엔결의들이 다시 자동적으로 살아나 이라크에 대한 무력공격이 허용된다는 주장은 그 세밀한 논리 자체만을 들여다보면 이론적으로 언뜻 그럴듯하게 들리기도 하지만, 이는 변호사가 고객의 이익을 위해 과도한 법률해석을 주장하는 모습에 다르지 않다. 유엔 안보리의 별도 허가 없이 십 몇 년 전의 무력사용 허가가 다시 저절로 살아난다는 주장은 미국 내 일부 학자들과 부시 행정부 관료들을 제외하고는 널리 받아들여지지 못했다.

이런 저런 논리를 다 제쳐놓고라도 현 시점에서 되돌아볼 때 이라크에서 대량살상무기가 발견되지 않았다는 점에 비추어 당시 미국 정부가 제시한 여러 논변들은 정당화되기 어려운 것으로 평가되고 있다. 부시 대통령에 이어 취임한 미국의 오바마 대통령이 이라크 전쟁은 부도덕하고 정당화될 수 없는 전쟁이었다고 공개적으로 언급할 정도였으니 더 이상 말할 필요도 없을 것이다.

알카에다와 탈레반의 법적 지위: 혼란 그리고 논쟁

이제 무력사용 개시의 문제에서 무력사용 개시 이후의 문제, 즉 국제인도법의 문제로 넘어가보자. 미국의 부시 행정부는 알카에다와 탈레반을 상대로 전쟁을 벌이기 시작하면서 알카에다와 탈레반 소속의 전투원들에 대해 어떤 법적 지위를 부여해야 하는지를 놓고 고민하기 시작했다. 아프가니스탄에서 벌어진 전쟁은 여러모로 특이한 성격을 갖고 있었다. 우선 일반적인 국가 간 전쟁과 달리 미국이라는 국가의 주된 공격목표는 알카에다라는 비국가적 무장단체였다. 또한, 일반적인 내전과 달리 미국과 알카에다 간의 무력충돌은 그 충돌 당사자들의 소속 영토가 아닌 제3국(아프가니스탄)의 영토에서 전개되었다. 또한, 알카에다와 함께 미국의 공격을 받은 탈레반 세력은 사실상 아프가니스탄의 중앙정부 역할을 수행하기는 했으나 통치행태나 지방 행정양태 등에 비추어 정상적인 국가의 정부와는 많이 달랐으며, 탈레반 소속 전투원들도 군복을 착용한 정규군이 아니었기 때문에 외관상으로는 민병대와 비슷한 모습을 갖추고 있었다.

미국은 기본적으로 법이 지배하는 사회다. 좋은 의미로 해석하자면 법치주의가 융성한 수준 높은 민주주의 국가라는 뜻이고, 나쁘게 해석하자면 거의 모든 공적·사적 행위에서 나의 이익에 반대되는 상대편의 치밀하고 때로는 악의적인 법적 공격을 늘 의식하며 살아야 하는 곳이라는 뜻이다. 미국의 최대 위협으로 떠오른 알카에다를 상대로 거침없는 대테러 전쟁의 수행을 희망하던 부시 행정부의 국가안보 담당 고위 관료들도 무분별한 대테러 전쟁이 후일 감당하기 어려운 법적 후폭풍을 낳을 수도 있다는 점을 충분히 인식하고 있었다. 예컨대, 아무리 얄미운 알카에다 요원이라 하더라도 체포 또는 사살과정에서 자칫 잘못 다루었다가는 민권운동의 전통 속에서 단련된 리버럴 성향의 변호사들이 달려들어 알카에다 테러리스트의 석방 또는 정부관료의 처벌을 요구할 수 있다는 점을 늘 인식해야 했다. 야속한 연방법원의 판사들은 가끔씩 행정부의 애국적 충정도 몰라주고 테러리스트 변호인의 손을 들어주기도 했기 때문에 특히 조심해야 했다. 부시 행정부의 외교안보 정책을 좌지우지해온 것으로 알려진 이른바 '네오콘(신보수주의)' 강경세력의 입장에서는 대테러 전쟁수행에 요구되는 국방부와 CIA 등 국가안보기관의 모든 행동들이 테러세력을 거침없이 때려잡으면서도 여전히 법의 테두리 내에서 보호를 받을 수 있는 일종의 면책보증이 필요했다. 이때 보수 세력으로부터 '신이 내려준 선물'이라는 찬사를 받으며 혜성같이 등장한 이가 바로 그 유명한 존 유(John

Yoo) 현 버클리 법과대학 교수다.

한국에서 출생한 한국계 미국인 법률가 존 유는 미 행정부 내에서 연방법률의 해석과 적용에 대한 행정부의 입장을 총괄하는 법무부 법률자문국(Office of Legal Counsel)에 근무하고 있었다. 대대로 미국 내 최고 수준의 엘리트 법률전문가들이 이 법률자문국의 수장을 역임했으며 다수의 미 연방대법관들이 법무부 법률자문국을 거쳐 간 것으로 알려졌다. 존 유는 법률자문국의 핵심 실무 변호사로서 네오콘 주도의 대테러 정책을 창발적인 법해석으로 뒷받침해주었다. 법무부 법률자문국의 검토의견은 행정부 내에서 법원의 판결이나 다름없이 받아들여졌기 때문에 그 검토의견이 특정 대테러 조치를 합법이라고 평가하면 국방부나 CIA는 훗날 법정에 피고인으로 불려갈 걱정 없이 또는 설사 불려가더라도 '법무부 법률자문국에서 합법이라고 했다'라는 항변을 든든한 언덕삼아 그 조치를 마음껏 시행할 수 있었다. 행정부 공무원이 법률자문국 검토의견에 대한 신뢰를 바탕으로 한 행위는 법정에서도 어떠한 형태로든 인정받을 가능성이 상당히 높기 때문이다. 예컨대, 법률자문국이 테러리스트에 대한 물고문을 합법적 행위라고 인정하면 CIA 요원은 고문을 금지한 연방법률에 의해 처벌받을 걱정 없이 물고문을 행할 수 있는 것이다.

부시 행정부 고위관료들은 무엇보다도 아프가니스탄에서 잡아들인 알카에다와 탈레반 요원들에 대해 제네바 협약을 적용해주어야 하는지에 대해 의견을 요구했다. 존 유가 주도적으로 작성한 2002년 1월의 법률자문국 검토의견은 부시 행정부가 원하던 정답을 제시해주었다. 즉, 알카에다와 탈레반에 대해 제네바 협약을 적용할 필요가 없다는 것이었다.

우선, 제네바 협약은 원칙적으로 협약 당사국(국가) 간의 전쟁(국제적 무력충돌)에 대해 적용되기 때문에 국가가 아닌 알카에다와의 전투에 제네바 협약이 적용되지 않는다고 보았다. 그렇다면 공통 제3조(비국제적 무력충돌 시 준수해야 할 규범)는 적용될 수 있는가? 법률자문국은 공통 제3조에서 말하는 비국제적 무력충돌은 한 국가의 영토 내에서 그 국가의 정부군과 반정부 반란군 사이에 벌어지는 내전을 의미한다고 해석하면서, 미국과 알카에다 간의 전투는 일반적 내전과 달리 '국제적' 성격을 갖고 있기 때문에 공통 제3조 또한 적용되지 않는다는 결론을 내렸다. 즉, 미국이 알카에다를 상대로 수행하는 대테러 전쟁은 기존 제네바 협약이 상정한 국제적·비국제적 무력충돌의 이분법으로 포괄되지 않는 새로운 제3의 무력충돌이라고 본 것이다. 결국 알카에다에 대해서는 제네바 협약을 적용할 여지가 전혀 없었다.

알카에다와 달리, 탈레반의 경우 법률자문국은 이들이 아프가니스탄을 대표하는 사실상의 정부형태를 취하고 있기 때문에 미국과 탈레반 사이의 전투에 제네바 협약이 적용되지 않는다고 손쉽게 결론내리기는 어려웠다. 그러나 존 유는 아프가니스탄이 실패국가

(failed state)로서 제대로 된 정상정부가 존재하지 않기 때문에(즉, 탈레반은 단순히 수도 카불을 포함한 일부 지역에 대해 무력통치를 하고 있는 군사파벌일 뿐 정상적인 정부가 아니기 때문에) 미국은 아프가니스탄에 대해 제네바 협약의 적용을 중단할 수 있다고 해석했다. 창발력으로만 치자면 A⁻는 받을 만한 논리였다.

또한, 백번 양보하여 알카에다와 탈레반에 대해 제네바 협약이 적용된다고 전제하더라도 알카에다와 탈레반에 소속된 전투원들은 전쟁포로(POW)로서의 권리를 향유할 자격이 없다고 판단했다. 포로 자격은 제네바법의 핵심이라 할 수 있는데, 정규군 또는 일정한 요건을 갖춘 무장단체들은 전투 중 적군에게 붙잡히더라도 포로로서 일정한 권리와 보호를 누릴 수 있다. 적군 포로는 범죄자로서 수감되는 것이 아니라 군인으로서의 명예를 보호받으며 전투행위가 끝날 때까지 전쟁행위에 참가하지 못하도록 억류되는 것뿐이기 때문이다.[10] 기본적으로 전투에 참여한 전투원이 포로의 자격을 향유하기 위해서는 지휘체계가 잡힌 조직에 속하고 군복이나 기타 표식을 통해 전투원이라는 점을 외부적으로 드러내야 하며 무기도 공개적으로 들고 있어야 한다. 아울러, 전투원으로서 전쟁법을 준수해야 함은 물론이다. 존 유는 알카에다와 탈레반이 이러한 요건을 하나도 충족하지 못하고 있다면서 제네바 협약에 의하더라도

---

10 제네바 제3협약은 포로 대우에 대해 상세한 규정을 두고 있다.

이들에 대해 포로 대우를 해줄 법적 근거가 없다고 해석했다. 무엇보다도 알카에다와 탈레반은 군복도 없고 겉으로 전투원 표식도 하지 않고 있으며 민간인들 사이에 섞여서 무기도 숨겨 다니기 때문에 정규군과 같은 포로 대우를 누릴 자격이 없다는 것이다.

이러한 법률자문국의 검토의견은 제네바 협약의 구속 없이 최대치의 무력사용을 원했던 네오콘 계열의 고위 관료들에게는 복음과도 같은 논리였다. 법률자문국의 의견이 전적으로 받아들여진 것은 아니었다. 특히, 실패국가론은 국무부와 국방부의 강력한 반론에 직면했다고 한다. 어쨌든 부시 대통령은 법률자문국의 의견을 널리 수용하여 다음과 같은 취지의 공식 입장을 발표하게 된다.

알카에다와의 전투에서 제네바 협약이 적용되지 않으나 탈레반과의 전투에서는 제네바 협약이 적용된다. 그러나 탈레반과 알카에다 소속의 전투원들은 모두 제네바 협약의 포로 대우를 받을 자격이 없다. 다만, 미국 정부는 붙잡힌 탈레반과 알카에다 소속 전투원들을 제네바 협약의 일반 원칙에 따라 인도적으로 대우할 것이며 국제적십자(ICRC) 대표단의 방문도 허용할 것이다.

이후 전개된 미 행정부 안팎의 논쟁과 미 연방대법원의 판결, 그리고 국제인도법 전문가들의 견해를 종합하여 미 법무부의 입장, 그리고 부시 대통령이 발표한 미국의 기본입장을 다시 되돌아보면 어떠한 평가를 내릴 수 있을까?

우선, 알카에다와의 전투가 기존 제네바 협약에 의해 포괄되지 않는 제3의 무력충돌이라는 나름 기발한 논리는 미 대법원에 의해 배척당했다. 미 대법원은 2006년 함단(Hamdan) 사건에서 알카에다와의 전투는 '비국제적 성격의 무력충돌'에 해당하며 이에 따라 제네바 협약 공통 제3조가 적용된다고 판시했다. 복잡하게 생각할 것 없이 말 그대로 국가 간(inter-national) 전쟁이 아닌 무력충돌은 모두 비국제적(non-international) 무력충돌이라고 본 것이다. 학계에서는 모든 무력충돌이 국제적 무력충돌과 비국제적 무력충돌로 양분될 수 있다는 점에 대해 큰 이견이 없는 것으로 보인다. 알카에다와의 전투가 제네바 협약이 전혀 적용되지 않는 제3의 무력충돌이라는 주장이 다른 기관도 아닌 미 연방대법원에 의해 배척당했으니 더 이상 미국의 극보수주의자들도 이를 옹호하기 힘들게 되었다.

존 유의 법적 검토의견 중 창의력이 돋보였던 '아프가니스탄 = 실패국가 = 제네바 협약 비적용' 논리는 미 행정부 내에서조차 채택되지 못했고, 부시 대통령이 발표한 입장에도 포함되지 않았다. 상대방이 실패국가이기 때문에 우리나라의 국제적 의무도 회피할 수 있다는 논리는 국제법상 도저히 정당화되기 어려운 주장이기 때문이다.

그러나 포로로서의 자격요건을 갖추었는가의 문제에서는 부시 행정부에 비판적인 국제인도법 전문가들 사이에서도 의견이 엇갈리고 있는 것으로 보인다. 알카에다의 활동 특성상 군복 같은 전투원 표식, 공개적인 무기휴대 등과는 거리가 있기 때문에 알카에다에 대해 포로자격을 부인하는 것은 어렵지 않지만, 탈레반의 경우는 논란의 여지가 있다. 탈레반에 대해 포로자격을 부인하는 입장에서는 탈레반 소속 전투원들이 군복을 입지 않고 무기를 몰래 숨겨 다니기도 하기 때문에 포로자격이 없다고 본다. 반면, 제네바협약상 앞서 언급한 네 가지 포로자격 요건(지휘체계가 잡힌 조직에 속할 것, 군복이나 기타 표식을 할 것, 무기를 공개적으로 휴대할 것, 전쟁법을 준수할 것)이 적용되는 것은 정규군이 아닌 특수한 형태의 무장세력 — 예컨대, 빨치산, 게릴라, 민간저항군 — 이기 때문에 아프가니스탄 정부의 정규군이라 할 수 있는 탈레반 전투원은 군복을 입든 입지 않든 기본적으로 포로자격을 갖추고 있다는 반론도 제기된다. 이러한 반론을 제기하는 측에서는 만일 탈레반 전투원이 어떤 식으로든 자신들을 구별해내지 않았다면 어떻게 미국이 탈레반 세력을 실각시킬 수 있었겠느냐고 반문한다. 이 부분에 대해서는 여전히 제네바 협약 문구의 해석을 둘러싼 학자들 간의 의견대립이 있는 것으로 보인다.

미국의 침공 결과 아프가니스탄과 이라크에 각각 새로운 정부가 들어서면서 그 두 나라에서 전개된 전쟁은 법적 성격도 달라지기 시작했다. 그 이전에는 미국과 알카에다 사이의 비국제적 무력충돌과 병행하여, 아프가니스탄 정부(탈레반)와 미국, 그리고 이라크 정부(후세인 정권)와 미국이라는 국가 간 전쟁도 전개되었다. 그러나 이제 더 이상 미국과 전쟁을 벌이는 국가정부는 존재하지 않는다. 미국의 상대는 모두 비국가행위자(알카에다와 실각한 탈레반 세력)뿐이다. 따라서 미국이 벌이는 전쟁은 이제 모두 제네바 협약 공통 제3조의 규제를 받는 비국제적 무력충돌이라고 규정할 수 있을 것이다.

무력충돌의 법적 성격이 바뀌어갔으나 여전히 미국은 전쟁의 수렁에서 벗어나지 못했다. 부시 행정부에 뒤이어 새로 출범한 오바마 정부는 이 전쟁을 종식시키고 무엇보다도 전쟁과정에서 큰 상처를 입은 미국의 리더십과 도덕성을 회복해야 하는 과제에 직면했다. 오바마 대통령은 취임하자마자 미국의 대테러 전쟁이 야기한 법적·정치적 혼돈을 상징하는 관타나모 수용소의 폐쇄 추진을 지시하는 등 법치주의에 기반을 둔 새로운 국가안보 정강을 천명하기 시작했다.

여기서 우리가 놓치지 말아야 할 점은 미국 민주주의의 무시하기 힘든 저력이다. 견제와 균형에 입각한 미국의 시스템은 오바마 대통령이 취임하기 전부터 이미 전쟁의 과오를 조금씩 자체 수정해오고 있었던 것이다. 테러용의자에 대한 고문 문제는 이러한 변화를 보여주는 하나의 사례였다.

맨해튼에 숨겨진 핵폭탄 찾기: 고문 메모

뉴욕 맨해튼 도심 한복판 어딘가에 소형 핵폭탄이 설치되었다. 이 폭탄은 시한장치에 의해 한 시간 후 폭발할 예정이다. 폭탄이 그대로 터진다면 단번에 수만 명의 사망자가 발생하고 세계에서 가장 활기찬 도시 중의 하나인 뉴욕은 방사능에 오염된 유령의 도시로 전락할 것임에 틀림없다. 이때 미 정보당국은 폭탄을 설치한 테러리스트를 체포하는 데 성공했다. 그러나 FBI, CIA, 뉴욕경찰, CTU[11] 등 미국 수사 정보기관의 정예요원들이 총동원되었음에도 불구하고 폭탄의 위치에 대한 실마리는 전혀 발견하지 못하고 있다. 이제 폭탄을 찾아내어 해체할 수 있는 마지막 희망은 테러리스트의 자백뿐이다. 이러한 극단적인 국가위기의 상황에서 체포된 테러리스트에 대한 고문은 허용되는가? 위험에 처한 수만 명의 국민들은 그 테러리스트에 대한 고문을 정부에 준엄히 요구하지 않을까?

이 가상적 상황은 지난 10여 년간 알카에다와의 전쟁에 임하는 미국의 딜레마를 상징적으로 보여주는 시나리오 중 하나라고 할 수 있다. 미국 로스쿨 강의실에서, 의회 청문회에서, 학계의 세미나에서, 그리고 TV 시사토론 프로그램에서 미국의 지식인과 논객, 정치인과 언론인들은 때로는 미국인 특유의 여유와 유머도 다 내

---

11 CTU는 미국 드라마 〈24〉에 등장하는 가상의 연방 대테러 기관이다.

팽개치고 이 문제, 그리고 이와 관련된 인권과 자유, 국가안보와 대테러 정책의 문제들에 대해 언어적 주먹다짐이나 다름없는 격한 논쟁을 벌여왔다.

2002년 알카에다의 핵심인물인 사우디아라비아 출신의 아부 주베이다를 체포한 시점을 전후로 미국 정부는 테러리스트들로부터 각종 정보를 추출해내기 위한 강력한 심문기법에 대해 검토하기 시작했다고 한다. 물론 '고문' 자체는 미 연방법률과 국제법에 의해 엄연히 금지되어 있다. 게다가 국제인권법('시민적·정치적 권리에 대한 국제규약')은 고문을 어떠한 경우에도 허용될 수 없는 행위로 명백히 규정하고 있다. 예컨대, 거주이전의 자유는 국가위기 상황에서 예외적으로 제약될 수 있는 자유이지만 고문금지원칙은 그러한 예외가 전혀 허용되지 않는다는 것이 오늘날 국제법의 원칙이다. 국제인도법 역시 무력충돌 과정에서 고문은 허용되지 않음을 분명히 하고 있다. 따라서 CIA와 국방부는 법적으로 '고문'에 해당되지 않는 강압적 심문기법의 범위에 대해 법무부에 문의했고, 법무부 법률자문관실 소속 변호사들은 이들의 고민을 명쾌하게 해결해주었다. 존 유가 기안한 것으로 알려진 법무부의 검토의견서는 훗날 '고문 메모(torture memo)'라는 불명예스러운 별칭으로 외부에 공개되는데, 이 의견서에 의하면 어지간해서는 고문범죄를 저지르기가 힘들게 되어 있다. 쉽게 말해 극단적인 고통과 상해를 야기하지 않는 한 고문이 아니라고 본 것이다. 예를 들어 CIA의 강압적 심문기

법 가운데 언론을 통해 가장 널리 알려진 워터보딩(waterboarding)
이라는 물고문은 고문에 해당하지 않는다고 한다. 게다가 법무부
는 한 발 더 나아가 국가안보를 위해 필요한 경우에는 대통령(행정
부)이 법률적 구속을 벗어나 고문을 허용할 헌법적 권한을 갖고 있
다는 해석까지 제시했다.

　이 '고문 메모'는 CIA 현장요원들이 체포된 알카에다 조직원들
을 상대로 안심하고 각종 강압적 심문기법을 활용할 수 있는 재량
권을 허용해주었다. 그러나 이후 2003년 법무부 법률자문국의 수
장으로 취임한 잭 골드스미스(Jack Goldsmith, 현 하버드 법대교수)는
이 검토의견서를 보고 무언가 한참 잘못되었다는 생각을 하게 된
다. 골드스미스는 국가안보를 위한 행정부의 자율권을 중시하는
보수주의의 입장에서 법률가로서의 명성을 쌓아온 사람이었지만
존 유의 고문 메모는 법적 양심상 도저히 받아들일 수 없는 것이었
다. 그는 네오콘 고위간부들의 견제와 압력을 견디면서 고문 메모
의 일부를 내부적으로 공식 철회시켰으며 불법감청에 대한 백악관
의 입장에 반발하는 과정에서 취임 1년도 되지 않아 법률자문국을
떠나게 된다. 그는 부시 행정부의 잘못된 법적 입장을 변경하기 위
해 조용히 물밑 투쟁을 하는 과정에서 백악관 고위인사로부터 미
국이 9·11과 같은 테러공격을 다시 겪을 경우 그 책임을 온전히 져
야 할 것이라는 협박성 발언까지 들어야 했다고 회고했다.

　이러한 맥락에서 미군의 부도덕한 가혹행위가 널리 알려지게 된

계기는 2004년 이라크 아부그라이브 수용소 사건이었다. 미군 병사들이 발랄한 표정으로 아부그라이브의 수감자들을 모독하고 조롱하는 사진들이 전 세계 언론에 공개되면서 미국의 고문과 수감자 처우 문제가 국제적 이슈로 떠오른 것이다. 미 의회는 공화당의 매케인(John McCain) 의원이 주도한 법안을 통해 강압적 심문기법을 규제하고, 고문을 금지하는 미 육군현장교범(Field Manual)에 따라 테러용의자에 대한 심문을 진행하도록 법제화했다. 이 과정에서 베트남전에서 다년간 포로생활을 했던 매케인 의원의 정치력이 빛을 발휘했는데, 고문을 금지해야 한다는 당연한 원칙을 법으로 재확인하기까지 다른 의원들을 설득하기는 쉽지 않았다고 한다. 아마도 고문 금지에 반대하는 사람들의 대부분은 한 시간 후에 맨해튼 한복판에서 터지는 핵폭탄 시나리오를 염두에 두고 있었을 것이다.[12]

---

12 핵폭탄 시나리오는 매우 흥미로운 토론의 주제이기는 하나 이 책의 주제를 넘어서기 때문에 상세한 논의는 생략한다. 다만, 일반적으로 이 시나리오에 대응하는 논리로는 우선 고문에 의해 얻어지는 정보는 대부분 신뢰할 수 없다는 점, 고문을 합법화할 경우 오히려 적군(테러리스트)의 자발적 협조를 얻어내기가 더욱 어려워지며, 알카에다 조직원들이 제공한 대부분의 고급정보는 강압적 심문기법을 활용하기 전에 확보되었다는 경험칙 등이 주로 제시되고 있다. 일부 학자들은 고문의 법적 테두리를 유지하면서도 극단적인 핵폭탄 시나리오의 경우에는 특별법원이 (마치 체포영장이나 수색영장을 발부하듯이) 고문허용 영장을 발부하자는 아이디어를 내놓기도 했는데, 이에 대해 만일 실제로 CIA 요원이 고문을 통해 폭탄의 소재를 밝혀냈다면 그 요원에 대해서는 기소유예 등 검찰의 재량권을 통해 현실적으로 처리해야 하며 반문명적인 고문행위를 제

요약하자면, 고문 문제에서 정부의 정책과 입장은 애국적 충정에 불타는 일부 법률가들의 극단적인 법해석에서 시작하여 행정부 내부의 용기 있는 소수 변호사들의 문제제기와 논쟁, 그리고 여론의 압력에 직면한 의회의 개입을 통해 변화되는 양상을 보였다. 그런데 이는 큰 그림의 일부에 불과했다. 관타나모 수용소에 수감된 테러용의자들이 미국 법원에 제기한 소송으로 촉발된 일련의 커다란 변화들은 삼권분립에 기반을 둔 견제와 균형의 정치를 거의 교과서적으로 명징하게 보여주었다.

관타나모 연대기

관타나모는 쿠바의 영토이다. 19세기 말 미국-스페인 전쟁의 승리를 통해 쿠바의 독립과정에 배타적 영향력을 확보하게 된 미국은 1903년부터 관타나모를 조차(임대)하기 시작했다. 미국이 관타나모를 원한 이유는 당시 미 해군 연료공급 기지로서의 전략적 가치 때문이었다고 한다. 이 조차합의는 양국 간 합의 또는 미국의 일방적 포기를 통해서만 종료될 수 있다고 규정되어 있기 때문에 카스트로의 공산혁명으로 쿠바에 반미 성향의 정부가 수립되었음에도 여전히 미국은 합법적으로 관타나모를 사용하고 있다. 미국은 쿠바에 계속 임차료를 납부하고 있으며, 쿠바 정부는 조차합의

도적으로 허용하는 고문영장 등의 방식으로 해결해서는 안 된다는 반론이 제기된다.

의 파기를 요구하며 이 수표의 현금화를 거부하고 있다고 한다. 부시 행정부가 관타나모를 대테러 전쟁의 적군인 알카에다와 탈레반 조직원들의 수감장소로 선정한 이유는 여러 가지가 있었다. 우선, 테러용의자들을 미국 본토 내 교도소나 군 기지에 수감할 경우 또 다른 테러공격의 대상이 될 우려가 있으나 지리적으로 고립되어 있는 관타나모 미 해군기지는 그러한 면에서 안전한 지역이었다. 무엇보다도, 부시 행정부의 변호사들이 관타나모를 지목한 이유는 이 지역에 대한 '주권'이 쿠바에 있다는 점이었다. 미국과 쿠바가 체결한 양국 간 조차합의에 의하면 이 지역에 대한 궁극적 주권은 쿠바에 있으며 미국은 관할권과 통제권만을 갖는다고 규정되어 있다. 따라서 미국의 주권이 미치지 않는 이 지역에는 미국의 헌법이 적용되지 않으며, 이곳에 수감된 외국인 테러리스트들은 헌법상 미 연방법원에 자신들의 석방을 요구하는 소송(인신보호청구)을 제기할 수 없을 것이라고 판단한 것이다. 소송 천국으로 알려진 미국 땅에 알카에다 조직원을 가두었다가는 당장 변호사들이 달라붙어 소송을 제기할 것이기 때문에 이를 막기 위한 최적의 장소가 관타나모라고 판단한 것이다.

부시 행정부하에서 관타나모 기지 수용소에 이송된 알카에다 또는 탈레반 전투원들의 총 연인원은 779명이라고 한다. 이들은 기본적으로 전쟁포로의 개념과 유사한 명목, 즉 전쟁이 끝날 때까지 적군을 억류할 수 있다는 무력충돌법의 관습과 원칙에 의거하여[13]

억류되었으며, 이들 중 일부는 전쟁법 위반을 이유로 '군사위원회 (military commission)'의 재판에 회부되었다.

군사위원회는 부시 행정부 대테러 정책의 법적 근간을 이루는 또 하나의 중요한 제도였다. 원래 군사위원회라는 것은 전쟁법을 위반한 적군을 재판하기 위한 제도로서 군법을 위반한 군인들을 재판하는 일반적인 군사법정과는 구별된다. 부시 행정부가 군사위원회에 착안한 것은 이라크, 아프가니스탄의 치열한 전투현장에서 나포된 적 전투원[14]들을 연방법원에 회부할 경우 미국 검찰이 복잡하고 까다로운 절차법과 증거법의 요건을 충족하지 못해 이들이 무죄 방면될 가능성을 우려했기 때문이다.

미국의 사법제도를 금과옥조로 여기는 상당수의 미국 법률가들은 관타나모 수용소와 군사위원회 재판에 대해 거의 본능적인 거부반응을 보였다. 적법절차(due process) 없이 사람을 무기한 감금하는 것, 그리고 투명하고 공정한 절차적 규칙이 결여된 재판은 미

---

13 그러나 이미 살펴보았듯이 부시 행정부는 알카에다와 탈레반에 대한 제네바 협약상의 포로 대우는 거부했다.

14 부시 행정부는 이라크와 아프가니스탄에서 미군을 상대로 싸우는 적군들을 불법적 적 전투원이라고 불렀다. 미국은 이를 법적 개념으로 간주했지만 다수의 국제인도법 전문가들은 이것이 제네바 협약에 기반을 둔 엄밀한 법적 개념이라기보다는 미국의 입장에서 볼 때 제네바 협약상 포로자격을 갖지 못하는 비정규 무장세력 소속의 전투요원을 가리키는 편의적 표현이라고 평가했다. 오바마 행정부는 국제인도법 개념상 논란의 여지가 있는 '적 전투원'이라는 표현을 더 이상 사용하지 않을 것이라고 천명했다.

국이 자랑하는 법치주의와 거리가 멀었다. 게다가 부시 대통령이 알카에다에 대해 제네바 협약조차 적용되지 않는다는 입장을 천명했으니 이는 국내법과 국제법의 구속을 전혀 받지 않는 무법천지를 미국이 창조해낸 것이나 다름없었다.

그런데 '법적 블랙홀'이라는 비난을 받던 관타나모는 부시 행정부의 기대와 달리 곧 관타나모 수감자들이 미 변호사들의 도움을 받아 제기한 일련의 소송에 휘말리게 되었으며, 미국 정부는 곧 처절한 법적 패배의 시대에 돌입하게 된다.

시작은 2004년 라술 판결(Rasul v. Bush, 542 U.S. 466)이었다. 라술은 2001년 아프가니스탄에서 미군에 의해 체포되어 관타나모로 이송되었는데 그는 자신이 탈레반에 의해 붙잡혀 있던 상황이어서 어쩔 수 없이 미군에 대항해 싸우게 된 억울한 사람이라고 호소하며 석방을 요구하는 인신보호청구를 제기했다. 물론 미국 정부의 기본입장은 미국의 주권이 미치지 않는 관타나모에 소재한 외국인은 헌법상 인신보호소송을 제기할 수 없다는 것이었다. 그러나 이 사건에서 연방대법원은 관타나모가 비록 쿠바의 주권하에 놓여 있더라도 미국이 실질적인 통제권과 관할권을 갖고 있기 때문에 그 지역에 연방대법원의 재판관할권이 적용된다고 판시했다. 즉, 관타나모 수감자들은 미국법에 따라 인신보호청구를 제기할 권리가 있다는 것이었다. 애당초 관타나모에 수용소를 지은 이유 자체를 대법원이 부정해버린 것이다.[15] 공화당이 지배하던 미 의회의 골수

보수주의자들은 대법원의 판결에 분노했다. 테러범에게 신성한 미국의 인신보호청구권을 인정해주고 대테러 전쟁을 열심히 수행하고 있는 행정부를 바보로 만든 대법원의 '매국적' 판결에 대응하여 의회는 2005년 '수감자처우법'에서 관타나모 수감자들의 지위를 판단하는 자체적인 재검토절차를 도입했다. 아울러, 재검토절차가 있으므로 미국의 사법부는 수감자들에 대해 더 이상 관할권을 갖지 못한다고 법률로써 못 박아버린 것이다.

이 법률에도 불구하고 미 행정부는 그 유명한 2006년 함단 사건(Hamdan v. Rumsfeld, 548 U.S. 557)에서 또 한 번 패배의 쓴맛을 보게 된다. 함단은 빈 라덴의 비서이자 운전기사로서 미국의 아프가니스탄 침공 시 체포되어 관타나모에 수감되었다. 함단은 2005년 '수감자처우법' 통과 이전에 소송을 제기했는데, 연방법원은 사법부의 관할권을 배제한 2005년 '수감자처우법'이 그 문구상 해석에 비추어 이미 진행 중이던 함단 사건 소송에는 영향이 없다고 해석하고, 더 나아가 군사위원회가 여러모로 합법적 기준에 못 미치는 재판제도라고 판단했다. 또한, 앞서 언급했듯이 함단 사건은 미국이 이라크 및 아프가니스탄에서 전개하는 대테러 전쟁이 제네바협약의 공통 제3조의 적용을 받는 비국제적 무력충돌에 해당한다

---

15 이후 미국은 라술을 기소하지 않고 2004년 관타나모에서 석방시켜 영국으로 보냈다고 한다.

고 보아 제네바 협약이 적용되지 않는다는 미 행정부의 입장을 정면으로 뒤집어버렸다.[16] 부시 행정부의 대테러 정책에 비판적인 입장에서는 쌍수를 들고 환영할 판결이었지만 미 행정부와 의회 보수파는 또다시 분노조절 장애 현상을 겪어야 했다.

공화당은 이에 굴하지 않고 다시 한 번 함단 사건 판결의 효과를 차단하기 위한 입법적 대응에 나서게 된다. 이렇게 해서 나온 법이 2006년의 '군사위원회법'이었다. '군사위원회법'은 앞서 '수감자처우법'이 저지른 문구상의 실수를 만회하기 위해 '모든' 관타나모 관련 소송에서 사법부의 관할권이 적용되지 않는다는 점을 명확히 했다. 군사위원회라는 제도에 의회입법에 입각한 탄탄한 법적 기초를 제공함으로써 더 이상 행정부의 대테러 정책이 사법부의 희생물이 되지 않도록 하겠다는 정치권의 강한 의지가 담겨 있었다. 존 유는 이 법을 두고 대법원의 잘못된 판결(함단 판결)에 대해 의회가 반박 메시지를 보낸 것이라고 평가하기도 했다.

그러나 싸움은 끝나지 않았다. 관타나모 수감자들을 대변하는 변호인들은 '군사위원회법'이 위헌이라는 주장을 제기하며 부시 행

---

16 함단은 이후 2008년 군사위원회에서 테러행위 지원 등의 명목으로 유죄판결을 받고 복역 후 예멘으로 석방되었으나 자신의 무죄를 주장하며 소송을 지속했고, 2012년 말 미 연방법원(하급심)에서 테러행위 지원 부분에 승소(무죄)를 거두었다. 법원 판결 요지는 2001년 당시 전쟁범죄에 속하지 않던 '테러행위 지원'을 이후의 법률로 전쟁범죄라고 규정한 것은 일종의 소급입법 금지 원칙을 위반했다는 것이다.

정부와 의회의 입법적 기반을 공격하기 시작했다. 알제리 출신의 적신월사(赤新月社, Red Crescent Society) 구호요원 보메딘(Boumediene)은 보스니아에서 전쟁고아들을 위한 구호활동을 전개하던 중 테러용의자로 체포된 후 미국에 인계되고 2002년 관타나모 수용소로 이송되었다. 그가 제기한 소송(Boumediene v. Bush, 128 S. Ct. 2229)은 2008년 부시 행정부에 또 한 번의 참담한 패배를 안겨주었다. 대법원은 사법부의 관할권을 배제한 '군사위원회법'이 미 연방헌법에 규정된 인신보호청구권에 위배된다고 판결한 것이다. 아울러, 대법원은 관타나모의 주권이 쿠바에 있다 하더라도 미국이 전면적인 통제권을 갖고 있기 때문에 미 헌법의 적용을 배제할 수 없다는 점을 재차 확인했다.[17]

미 사법부는 시종일관 헌법과 개인의 자유를 중시하는 입장을 보였고, 이에 반해 행정부와 보수적 의회는 대통령의 대테러 전쟁 자율권을 중시하는 입장을 견지했다. 이들 간의 치열한 견제와 균형의 정치게임은 부시 정권 말기에 이르러 헌법적 가치를 재확인하는 판결들로 귀결되는 양상을 보였다. 미국 사회가 여러 약점과 문제점에도 불구하고 여전히 높은 수준의 민주적 법치 시스템을 갖추고 있다는 사실은 미 현대사의 오점이라 할 수 있을 관타나모 수용소를 둘러싼 논쟁에서 역설적으로 확인된 셈이다.

17 보메딘은 2009년 무죄 석방되어 프랑스로 건너갔다.

미국 대테러 정책의 근본적 변화는 공화당 후보를 제치고 정권교체를 이루어낸 민주당의 오바마 대통령이 취임함으로써 가능해졌다. 오바마 대통령은 취임 일성으로 관타나모 수용소를 1년 내에 폐쇄하겠다고 선언했으며, 강압적인 심문기법을 명시적으로 금지시키고 군사위원회 재판제도에 대해서도 재검토할 것을 관계 부처에 지시했다. 그러나 이후 현재까지 관타나모 수용소는 여전히 영업 중이다. 의회가 관타나모 수용소 폐쇄를 견제하는 입법을 지속적으로 내놓으며 오바마 대통령의 발목을 붙잡았기 때문이다. 아울러, 군사위원회 재판은 오바마 행정부에 의한 절차적 개선에도 불구하고 위법성과 위헌성 논란에서 자유롭지 못한 상황이다. 게다가 오바마 대통령이 아프가니스탄과 파키스탄 국경지대, 예멘 남부 등지에서 무인항공기(drone)를 이용한 알카에다 소탕 사살작전을 더욱 강화해나가면서 대테러 전쟁에 의혹의 시선을 보내던 시민단체와 법조인들의 비판이 오바마 행정부에도 향하게 되었다.

이러한 와중에 2011년 오바마 행정부는 부시 행정부가 끝내 해내지 못한 —그래서 일각에서는 일부러 하지 않고 있다는 음모론까지 야기된— 오사마 빈 라덴 찾아내기에 성공한다. 그리고 9·11 테러를 계기로 미국 최대의 적이자 현상수배범으로 떠오른 이 알카에다의 노회한 지도자를 처단하기에 이른다.

오사마 빈 라덴의 최후, 암살작전 또는 전투?

오사마 빈 라덴은 2011년 5월 2일 자신이 은신해 있던 파키스탄 아보타바드의 저택에서 미 해군특수부대에 의해 사살되었다. 미국 정보당국은 2002년 대테러 전쟁 과정에서 체포한 여러 명의 알카에다 조직원들로부터 빈 라덴의 밀사에 대한 진술을 확보하게 된다. 이후 미국은 이 밀사의 행방을 추적하는 데 집중했고 2007년경 그의 본명을 확인했다고 한다. 그리고 2010년 CIA는 알카에다 용의자들에 대한 전화 감청을 통해 이 밀사를 찾아냈고, 그를 미행한 결과 아보타바드의 한 저택에 대단히 중요한 인물이 숨어 지내고 있을 것이라는 심증을 갖게 된다. 미국 정보당국은 막대한 예산을 들여 이 저택에 대한 세밀한 감시에 돌입했다. 미국은 빈 라덴의 얼굴이나 목소리를 직접 확인하지는 못했으나, 여러 정보를 분석한 결과 빈 라덴이 그 저택에 살고 있는 중요한 인물이라는 결론을 내렸다. 오바마 대통령은 파키스탄 정부 내 일부 세력이 알카에다 또는 탈레반 세력과 모종의 연계관계를 갖고 있다는 의혹 때문에 파키스탄 당국에 협조를 요청할 경우 작전정보가 유출될 것을 우려했다고 한다. 결국 미국은 파키스탄 정부에 사전 협조요청이나 통보 없이 작전에 돌입했고, 아보타바드 저택에 침투한 미군 특수요원들은 빈 라덴을 사살했다. 그의 시신은 작전 직후 항공모함 칼빈슨호로 옮겨져 이슬람식 의례 이후 수장되었다고 한다.

이런 드라마틱한 군사작전을 통해 이루어진 오사마 빈 라덴의 사살은 합법적인가? 빈 라덴이 죽은 지 며칠 후 우리나라의 한 언론은 "비무장 빈 라덴 사살은 국제법 위반이다"라는 제목의 사설을 게재했다.

　　미군 특수부대가 알카에다 최고지도자 오사마 빈 라덴을 사살했을 당시 빈 라덴은 비무장 상태였으며, 빈 라덴이 자신의 부인을 인간방패로 활용했다는 미국 당국의 발표도 거짓이었음이 드러났다. ······ 아무리 테러범을 응징하는 게 당연하다 해도 비무장 상태의 빈 라덴을 현장에서 사살한 것은 '정의'라 할 수 없다. 특히 빈 라덴은 엄밀히 말해 9·11 테러를 사주했다는 혐의 자체도 확정된 상태가 아닌 만큼 재판을 통해 유죄를 입증하고 이에 합당한 벌을 내리는 게 더욱 필요했다. 그런데 미국은 이런 모든 절차를 건너뛰어 현장에서 곧바로 '즉결처형'을 해버렸다. 이는 명백한 국제법 위반 행위가 아닐 수 없다. ······ 체포하려는 최소한의 시도도 없이 무차별 사격을 가하고 확인사살까지 한 정황이 속속 드러나고 있다. ······ 게다가 미국은 의혹을 풀어줄 가장 중요한 증거인 빈 라덴의 주검마저 서둘러 수장해버렸다. ······[18]

　　이 사설에 담긴 논리를 어떻게 평가할 수 있을까? 미국 정부는

18 "비무장 빈 라덴 사살은 국제법 위반이다", 《한겨레신문》, 2011년 5월 5일, 31면.

알카에다와의 무력충돌 과정에서 적군의 수장인 빈 라덴을 사살한 군사작전은 전쟁법상 합법적이라는 입장을 견지하고 있다. 미 국무부 법률자문관이자 미국 내 저명한 한국계 법학자인 해롤드 고(Harold Koh, 한국명 고홍주)는 미국이 9·11 테러에 대한 대응 차원에서 알카에다와 무력충돌 관계에 있으며, 이러한 무력충돌 과정에서는 국가방위를 위해 고위급 알카에다 지도자 사살을 포함한 일련의 군사력을 사용할 정당한 권리를 갖고 있다고 설명했다. 특히 적군의 군인은 합법적 군사표적이라는 점을 지적하면서, 과거 제2차 세계대전 당시 미군이 진주만 폭격을 주도한 일본군 고위장교의 이동 코스를 알아내어 그가 탄 비행기를 격추시킨 사례를 들기도 했다. 이것은 미 국내법상 금지되어 있는 '암살'이 아니라 합법적인 전투행위라는 것이다. 아울러, 해롤드 고는 미군의 빈 라덴 사살작전이 무력충돌법의 핵심 원칙인 구분과 비례성의 원칙을 준수했다는 점을 강조한다.[19]

미국의 오사마 빈 라덴 사살에 대한 논리는 미국의 다른 대테러 전쟁행위에 대한 정당화에도 적용되고 있다. 아프가니스탄, 파키스탄, 예멘 등에서 미국은 최첨단 무인항공기 폭격작전을 광범위

---

19 만일 빈 라덴이 최초의 총격으로 부상을 당하여 더 이상 저항할 수 없는 상태에서 고의적인 추가 총격으로 사망에 이르렀다면 이는 제네바 협약 위반으로 볼 여지가 있다. 오사마 빈 라덴 타격작전의 정확한 정황이 밝혀지지 않는 한 이 부분에 대해서는 판단이 어려울 것으로 보인다.

하게 시행하고 있는데 이렇게 무인항공기를 이용한 알카에다 조직원 표적 공격 역시 형사적으로 체포해야 할 테러범죄자의 즉결처형이나 암살이 아니라 무력충돌의 연장선상에서 적 전투원에 대해 이루어진 정당한 교전행위라는 것이다.[20]

반면, 일부 학자들은 미국과 알카에다 사이에 무력충돌이 존재한다는 전제를 부인한다. 그리고 설사 무력충돌의 존재를 인정하더라도 현재 그 무력충돌의 공간적 범위는 아프가니스탄과 일부 파키스탄 국경지역에 한정되며 평온한 일상의 삶이 영위되고 있는 파키스탄 수도 근처의 도시에서 무력충돌이 벌어지고 있다는 전제를 받아들일 수 없다고 한다.[21]

---

20 미국은 무인항공기 공격에 앞서 수집된 첩보를 바탕으로 표적들의 신원을 개별적으로 다 확인한 후 실제 공격이 필요하다고 판단되는 주요 표적들만 공격한다고 밝히고 있으나, 최근 들어 특정지역에 모여 있는 무장세력에 대해 개개인 신원확인 없이 그 집단의 전체적 움직임과 특성만을 바탕으로 공격을 결정하는 이른바 특성타격(signature strike)을 확대하고 있는 것으로 알려졌다. 특성타격의 경우 개별 신원확인이 생략되기 때문에 피해대상 집단이 민간인을 포함하고 있거나 또는 테러와 무관한 순수 민간인들로만 구성되어 있을 가능성도 배제할 수 없으므로 구분과 비례성의 원칙에 위배될 가능성이 있다는 비판이 제기된다.

21 무력충돌의 전제를 받아들일 수 없다면 그것은 9·11 테러를 배후조종한 범죄자의 체포를 위한 법집행절차(경찰력 행사)로 간주될 수 있는데, 그렇다면 미국이 파키스탄의 동의 없이 파키스탄에서 군 특수부대를 이용해 법집행절차를 수행한 것이 타당한 것인지, 적법한 구속영장이나 수색영장이 필요한 것은 아니었는지, 범인을 생포하기 위해 최선의 노력을 다했는지 등을 따지는 형사절차적 문제로 전환된다. 이 경우 오사마 빈 라덴을 생포하기 위한 노력을 하지 않았다면 그것은 용의자에 대한 과도한 무력사용이자 일종의 즉결처분 행위(재판 없는 사형)로서 명백한 불법행위라고 볼 수 있다.

오사마 빈 라덴 사살이 무력충돌의 일환으로 전개된 합법적 전투로 인정되지 않는다면 위에서 원용한 사설의 주장은 타당하다고 볼 수 있다. 물론, 그 사설을 쓴 논설위원은 당연히 국내 경찰의 법집행과 유사한 체포작전이라는 전제만을 염두에 두었으며, 무력충돌의 존재 또는 무력충돌의 공간적 범위라는 법적 쟁점에 대해서는 관심이 없었던 것으로 추정되기는 하지만 말이다. 여기서 무력충돌의 공간 문제를 생각해볼 필요가 있다. 미국과 알카에다 사이에 무력충돌의 존재를 인정하더라도 빈 라덴의 은신처를 타격하여 그를 사살한 미군의 행위가 합법적인가의 여부는 무력충돌의 공간적 범위에 대한 해석에 달려 있기 때문이다.[22]

전통적인 무력충돌에서 공간적 범위는 큰 쟁점이 될 수 없었다. 전쟁이 벌어지면 우리는 그 전쟁이 어디서 벌어지는지 다 알고 있기 때문이다. 그것이 국가 간 전쟁이든 내전이든 상관없이 군인들이 교전을 벌이고 전투기가 폭격을 가하는 특정 국가가 전쟁터였다. 그러나 미국이 알카에다라는 테러조직을 상대로 전쟁에 나서

---

22 무력충돌의 공간적 확대를 인정하더라도 오사마 빈 라덴은 은퇴한 군인이나 다름없기 때문에 합법적인 군사적 표적이 아니라는 비판론도 제기되었는데, 빈 라덴이 알카에다를 오래 전에 떠났다는 주장이 사실이라면 나름 타당한 비판이라고 할 수 있다. 그러나 현실적으로 빈 라덴이 2011년 당시 여전히 알카에다의 (정신적 지도자가 아닌) 실질적인 전략 지휘관 역할을 수행했는지의 여부를 객관적으로 확인하기는 어려울 것으로 생각된다. 미국 정부는 여러 정보와 정황상 빈 라덴이 은퇴상태가 아니었다는 입장을 견지하고 있다.

게 되자 상황이 조금 달라졌다. 알카에다는 이라크, 아프가니스탄, 파키스탄, 예멘, 북아프리카 등지에서 활동하고 있는 이슬람극단주의 테러 조직의 네트워크를 통칭하는 개념이기 때문에 미국이 침공해 들어간 이라크와 아프가니스탄 이외의 지역에서도 미국과 알카에다의 충돌을 상정할 수 있게 된 것이다. 특히, 알카에다 핵심 지도부가 파키스탄에 은신처를 구하게 됨에 따라 파키스탄도 국경지역을 중심으로 부지불식간에 무력충돌의 장이 되어버렸다. 그러나 공식적으로 파키스탄은 미국의 적국도 아니고 그 어떠한 국가와 전쟁상태에 있지도 않다. 그럼에도 파키스탄 중앙정부의 치안이 미치지 못하는 지역에서 미국과 알카에다의 전쟁이 계속되고 있는 것이다.

현재 아프가니스탄에서는 미국이 개입한 가시적인 무력충돌이 존재하고 있음을 부인할 수 없다.[23] 그 무력충돌의 공간에서 미군이 알카에다든 탈레반이든 적군을 사살하는 행위는 무력충돌법상 허용되는 교전행위로 간주되는 데 어려움이 없다. 그러나 적군이 파키스탄의 수도 인근 도심 주택가로 도피해 있을 때 미국은 그 적

---

23 원칙적으로 전통 무력충돌법에서 무력충돌의 당사국이 아닌 제3국은 '중립국'으로서 일정한 권리와 의무를 갖는데, 일부 학자들은 알카에다가 제3국에서 발견되는 상황에 대해 이러한 중립법규를 적용해야 한다고 주장하고 있다. 나름 일리가 있는 주장이기는 하나 전통적인 중립법을 알카에다에 대해 적용하기에는 여러모로 한계가 있다는 반론도 제기되고 있다. 테러 범죄조직인 알카에다에 대해 '중립'을 지킬 국가는 많지 않기 때문이다.

군을 쫓아가 무력충돌의 일환인 교전행위(즉, 사살)를 할 수 있을까? 미국은 자국 안보에 위협이 되는 알카에다가 전 세계 어디에 있든 무력충돌의 연장선상에서 그를 사살할 정당한 권리가 있다는 입장을 견지하고 있다. 해롤드 고가 사례로 언급한 제2차 세계대전 당시 일본 지휘관 사살도 그 장소는 최전선이 아닌 후방지역이었다는 것이다.[24]

제네바 협약을 비롯한 국제인도법은 이 문제에 대해 명시적인 해답을 제공하고 있지 않다. 무력충돌의 공간적 범위는 과거 그 어떠한 국제입법의 주제도 아니었던 것이다. 미국의 알카에다에 대한 합법적인 전쟁행위가 허용되는 무력충돌의 공간은 어디까지인가라는 쟁점을 단칼에 해결해줄 기준은 현재로서 찾기 어려운 것이 현실이다.[25]

---

24 그러나 그 후방도 일본의 통치가 미치던 지역이었기 때문에 '타국(제3국)' 주권침해의 문제가 제기되지는 않았다.

25 중립법의 원칙을 논외로 하고, 원론적인 차원에서 미국이 파키스탄에서 파키스탄 정부의 허가 없이 군사작전을 수행한 것은 파키스탄의 주권을 침해한 위법행위라는 주장도 가능하다. 그러나 만일 무력충돌의 과정에서 국가안보에 위협이 되는 적에 대한 합법적 교전행위로 인정된다면 주권침해라는 부분의 위법성은 조각된다고(즉, 위법행위가 아니라고) 주장할 수도 있다. 영토주권이 그 어떠한 경우에도 절대 침해될 수 없고 당사자 간의 합의에 의해서도 배제될 수 없는 절대적 강행규범이라면 남의 나라 영토에서 군사작전을 한 행위는 그 어떠한 경우에도 정당화될 수 없는 불법행위겠지만, 영토주권은 강행규범이라고 보기 어렵다. 노예매매 금지, 인종말살 금지 등이 강행규범의 대표적인 예이다. 파키스탄은 미군의 작전을 사후에 암묵적으로 추인한 것으로 알려졌다.

✎ 무력충돌법과 한반도

전쟁 또는 평화

우리나라로서는 국제인도법의 현대적 쟁점을 살펴보고 미국 대테러 전쟁의 합법성과 정책적 타당성을 따져봐야 할 나름의 이유가 있다. 바로 한반도의 상황이 이러한 무력충돌 규범의 현대적 변화와 발전 과정에 대한 무관심을 허용하지 않기 때문이다. 여전히 남북 간 군사대치가 지속되고 있으며 그간 수차에 걸쳐 서해상 교전뿐만 아니라 천안함 사건과 연평도 사건과 같은 충돌을 겪기도 했다. 특히, 천안함 사건과 연평도 사건에 대해서는 북한 측 도발 책임자를 국제형사재판소에 기소해야 한다는 주장이 제기되었고, 실제 국제형사재판소의 검사가 연평도 사건의 전쟁범죄 여부에 대해 검토하겠다고 공개적으로 천명하기도 했다. 남북 간에 크고 작은 충돌 또는 갈등 상황이 발생할 때마다 국제사회는 저마다 독자적인 관점과 이론에 입각하여 이런 저런 입장과 해결책을 제시해 왔으며, 이는 앞으로도 그럴 것이다. 특히, 무력충돌법 및 이에 긴밀히 연계되어 있는 국제형사법이 국제정치의 담론에서 점차 비중을 차지해가고 있는 양상에 비추어, 무력충돌 규범의 전문적 언어로 우리의 상황을 정확히 이해하고 판단할 필요성이 갈수록 커진다고 볼 수 있다.

1950년 6월 25일 북한의 남침으로 시작된 한국전쟁이 공식적으로 종료되지 않고 정전협정만 체결된 상황이기 때문에 아직도 한반도는 전쟁 중이라는 말을 종종 듣는다. 영어 언론매체에서 남북관계에 대해 설명하면서 자주 쓰는 표현이 한반도는 기술적으로 아직 전쟁 중(technically at war)이라는 것이다. 자주 회자되는 남북 간 평화체제 구축이라는 것도 그저 남북대치를 해소하고 화해협력의 시대를 열자는 정치적 구호가 아니라, 공식적으로 한국전쟁이 종료된 적이 없으니 법적 차원에서 한반도 상황을 깨끗하게 정리하기 위해 평화협정 체결이 필요하다는 법적 판단이 그 맥락과 배경으로 존재하는 것이다.

과거 전통 국제법은 전쟁의 개시가 선전포고에 의해 이루어지듯이 전쟁의 종료는 평화협정을 통해 이루어진다고 보았다. 승패가 명확한 전쟁의 경우 그 평화협정은 대부분 패자에게 각종 부담과 책임을 지우는 내용이었으며, 국경선이나 소수민족 지위, 새로운 정부의 구성 등이 논의되기도 했다. 그러나 실제 제2차 세계대전 이후 공식 선전포고를 통해 시작된 전쟁이 거의 없었듯이 정식 평화협정을 통해 종료되는 전쟁도 그다지 많지 않았다. 우리가 알고 있는 주요 평화협정은 실질적으로 무력충돌이 종료된 이후 복합적인 정치적 갈등으로 점철된 오래된 분쟁들을 해결하기 위한 일련의 정치적 협상 과정에서 등장하는 경우가 많았다. 이스라엘이 주변 중동국가들과 맺은 여러 평화협정, 북아일랜드 평화협정, 그리고 아프리카나 중남미의 복잡한 내전을 해결하기 위한 여러 협정들이 그 예라고 할 수 있다. 그간 변화된 국제관행, 현대 무력충돌의 유동성과 복잡성 등에 비추어 평화협정의 부재가 법적으로 전쟁상태의 지속을 의미한다고 단언할 근거는 없다.

실제 지난 반세기의 한반도 상황을 단지 평화협정이 체결되지 못했다는 이유만으로 전쟁상태라고 말할 수 있을까? 물론 한반도가 완전한 이상적 평화상태에 있지 않음은 자명하다. 남북은 공비와 무장간첩부터 테러사건과 해상교전에 이르기까지 수많은 유혈충돌을 경험했기 때문이다. 그러나 오늘날 남북 상황을 법적으로 전쟁상태라고 부르는 것은 너무나 현실과 동떨어진 평가임에 분명하다. 그간 남북 간 접촉과 교류의 관행을 보아도 양측이 상호관계를 전쟁상태라고 규정한 적은 없다. 즉, 전쟁(전시)과 평화(평시)라는 이분법적 스펙트럼으로는 남북관계의 현실적 상태를 설명하지 못한다는 것이다. '기술적으로 전쟁상태'라는 표현은 정치적 레토릭으로는 일리가 있겠으나 엄밀한 법적 표현이라고 보기는 어렵다. 실제 남북 간 평화협정 또는 과거 문민정부 시절 논의된 4자회담의 구도를 반영한 남·북·미·중 4자간 평화협정이 체결되어 한국전쟁을 공식적으로 '종료'한다 하더라도 이로 인해 '법적' 변화를 겪게 될 대상이나 법령이 그다지 많지 않다는 점도 이를 뒷받침한다.

예컨대, 평화협정 체결은 북한에 대한 국내법적 지위를 자동적으로 변경시키지는 않을 것이다. 북한이 우리 국내법상 반국가단체로 규정된 이유는 북한이 우리와 '전쟁상태'에 있다는 판단보다는 대남적화 노선의 고수와 자유민주주의체제 전복의 획책이라는 측면에 근거해 있다. 이론적으로 따지자면 북한뿐 아니라 어떤 단체든 굳이 우리와 '전쟁상태'에 있지 않더라도 대남적화 노선을 고수하고 자유민주주의체제 전복을 획책한다면 우리에게 반국가단체가 될 수 있기 때문에 전쟁상태 여부는 북한의 반국가단체성 판단의 핵심 근거가 아니다. 1953년에 체결된 협정이 정전협정이 아니라 평화협정이었다고 가정해보더라도 남북관계가 지금의 현실과 유사하다면 사법부는 북한이 반국가단체라는 판결을 내놓았을 것이라고 추정하기 어렵지 않다. 따라서 향후 평화협정이 체결된다고 해서 북한을 반국가단체로 규정한 국내 판례나 법령이 '법적으로' 자동 폐기되어야 하는 것은 아니다. 물론, 정치사회적 차원에서 남북이 평화협정을 체결하는 단계가 되면 자연스럽게 국가보안법이나 기타 상호 간 국내법적 지위규정 문제도 새롭게 논의될 수 있는 현실적 여건이 마련될 것으로 기대할 수 있고, 그에 따라 북한을 새롭게 판단하는 법적 지혜가 요구됨은 당연할 것이다.

다시 말해, 남북관계의 법적 측면은 전쟁종료 여부와 같은 한반도 상황에 대한 포괄적인 판단에 달린 것이 아니라 개별 쟁점별로 구체적인 사실관계와 정황을 따져보는 수밖에 없다. 천안함 사건이나 연평도 사건에 대한 법적 판단도 마찬가지다. 한반도는 전쟁 중인가 하는 문제 틀은 이론적으로나 현실적으로 큰 도움이 되지 않는다.

천안함과 연평도, 전쟁법의 역설

위에서 제네바 협약이 가져온 혁신 중 하나는 '중대한 위반'에 대한 보편관할권의 창출이라는 점을 살펴보았다. 흔히 전쟁법 위반 행위를 전쟁범죄(war crime)라고 표현하는데, 실제 전쟁범죄의 개념규정에는 다소 혼란의 여지가 있다. 전쟁법의 사소한 위반부터 중대한 위반까지 모두 전쟁범죄라고 보는 경우도 있고, 사소한 위반을 제외한 어느 정도 심각한 위반행위만을 전쟁범죄라고 보는 학설도 있다. 오늘날 학설이나 관행을 종합해볼 때 모든 전쟁법(국제인도법) 위반을 전쟁범죄라고 보기는 어려우며 국제적십자나 국제형사재판소는 국제인도법의 '심각한' 위반이 전쟁범죄라는 입장을 견지하고 있다.[26]

1990년대 구유고슬라비아와 르완다에서 발생한 끔찍한 인종청소와 대량학살에 대해 유엔 안전보장이사회는 잔혹행위 책임자들을 처벌하기 위한 일종의 임시 국제형사재판소 설치로 대응했고, 1998년에는 상설적인 국제형사재판소 설치의 근간이 되는 로마 규정(Rome Statute)이 채택되었다. 이 로마 규정은 2002년 발효되어 국제형사재판소가 업무를 개시했다. 이러한 형사재판소가 다루는 여러 대상범죄 중 하나가 바로 전쟁범죄인데,[27] 국제형사법의 제도

---

26 국제형사재판소는 전쟁범죄를 제네바 협약상 '중대한 위반', 공통 제3조의 심각한 위반, 기타 국제 무력충돌과 비국제 무력충돌 관련 규범의 심각한 위반이라고 규정하고 있다.

적 발전을 통해 전쟁범죄를 단죄하기 위한 국제사회의 노력이 언론과 국제시민단체들의 많은 주목을 받게 되었고 전쟁범죄는 국제사회가 힘을 합쳐 단죄해야 할 대표적인 악행으로 인식되기에 이르렀다.

이러한 인식의 확산은 매우 바람직한 것임에 틀림없다. 그러나 이러한 바람직한 현상은 약간의 오해와 잘못된 상식을 수반하기도 했다.

2010년 11월 북한이 NLL과 관련된 시비를 걸어오면서 연평도를 향해 포탄을 쏟아 부었다. 우리 군은 즉각 대응포격에 나섰으나 우리 측은 해병대 병사 2명과 기지 공사현장에서 작업 중이던 민간인 2명이 사망하는 비극을 겪어야 했다. 연평도 사건에 대한 국제사회의 논의와 함께 치열한 국내정치적 논란이 진행되는 동안 국제형사재판소에서 기소를 책임지고 있는 소추관(검사, Prosecutor)이 북한의 연평도 포격이 전쟁범죄를 구성할 가능성이 있다면서 국제형사재판소가 이에 대한 예비조사에 착수할 예정이라는 소식이 들려왔고 우리 언론은 이를 비중 있게 보도했다. 이에 앞서 발생한 천안함 사건도 조사대상에 포함된다는 소식과 함께였다. 우리 정부는 당연히 국제형사재판소의 조사에 적극 협조하겠다는 입장을 표

---

27 국제형사재판소는 전쟁범죄, 반인도범죄, 제노사이드(대량학살), 침략범죄의 네 가지를 관할대상 범죄로 한다. 다만, 침략범죄는 국제사회의 힘겨운 논의 끝에 여러 복잡한 요건이 규정되어 아직 실제 관할권이 적용되지는 않고 있는 상황이다.

명했고, 그간 아프리카의 사악한 정치지도자와 군인들을 주로 다루던 국제형사재판소가 이제 그 대상을 아시아로 확대하는 첫 사건이 될 수도 있다는 기대가 나오기도 했다. 북한 지도자를 형사처벌해야 한다고 주장해오던 국내 반북단체들도 이 뉴스를 크게 환영했음은 물론이다.

그러나 우리가 여기서 간과하지 말아야 할 법적 측면이 있다. 국제형사재판소의 관할권이 성립되기 위해서는 여러 조건들이 충족되어야 하지만 그러한 절차법적 측면은 일단 제외하더라도 과연 북한의 연평도 포격을 전쟁범죄라는 관점에서 접근하는 것이 우리에게 어떤 의미가 있는지 냉정하게 판단해볼 필요가 있는 것이다.

일단 전쟁범죄는 전쟁(무력충돌)의 존재를 전제한다. 전쟁범죄를 각종 국제인도법의 심각한 위반으로 규정한다면 국제인도법이 적용되는 상황이 전제되어야 하고, 앞서 이미 살펴보았듯이 국제인도법이 적용되기 위해서는 무력충돌이 존재해야 한다.[28] 즉, 연평도 사건을 전쟁범죄라는 관점으로 판단하기 위한 첫 번째 질문은 과연 무력충돌이 존재하는가이다.

한반도를 무조건 전쟁상태라고 본다면 이 질문은 편하게 해결된다. 남북이 무엇을 하든 평화협정이 체결되지 않았고 단지 정전협

---

[28] 무력충돌의 존재를 판단하는 데에서 그 충돌의 강도와 지속성 등 여러 판단기준이 학설과 판례를 통해 제시되고 있음도 살펴보았다.

정만 존재하기 때문에 한반도는 전쟁상태, 무력충돌 상태라는 주장인 셈이다. 그러나 이러한 관점은 법적으로나 현실적으로 타당성이 떨어진다는 점을 이미 살펴보았다. 개별 사건을 구체적인 사실관계와 정황에 따라 판단해보아야 한다는 점도 이미 언급했다. 연평도 포격사건은 분명 양측 정규군이 포탄을 주고받은 군사적 충돌상황이었다. 그러나 그 지속성과 강도에 비추어볼 때 법적으로 '무력충돌'이 존재했다고 볼 수 있을까? 앞서 살펴보았듯이 군사적 충돌과 포탄 교환이 있다고 해서 항상 '무력충돌'의 존재가 인정되지는 않는다. 무력충돌의 성립 요건이라는 것이 어차피 주관적 판단이 개입될 수밖에 없으므로 보는 이에 따라 답이 달라질 수 있을 것이다. 그러나 수시간 동안 포격전으로만 전개된 충돌이 국제인도법의 적용을 촉발시킬 수 있는 무력충돌에 해당하는지에 대해서 전문가들의 견해를 구한다면 아무래도 부정적 의견이 많을 것이라고 예상할 수 있다. 무력충돌이 존재하지 않았다면 전쟁범죄도 있을 수 없다.

그러나 일단 무력충돌이 존재했다는 입장을 전제로 북한의 연평도 포격이 전쟁범죄(무력충돌법의 심각한 위반)에 해당하는지 살펴보자. 오늘날 전쟁범죄 목록에 대한 가장 편리하고 권위 있는 규정은 역시 국제형사재판소의 전쟁범죄 관련 규정이라 할 수 있는데, 여기에 해당하는 범죄의 대부분은 우리가 앞서 살펴본 국제인도법의 핵심원칙과 관련된 내용, 즉 민간인과 민간시설에 대한 의도적 공격(구분의 원칙 위반)과 과도한 부수적 피해의 발생(비례성의 원칙 위반)이 핵심을 이룬다. 그 외에 보호받아야 할 대상에 대한 부당한 공격이나 성폭력, 금지무기의 사용 등도 그 목록에 포함된다. 그중 우리가 북한의 행위와 관련하여 검토해야 할 대상은 구분의 원칙 위반과 비례성의 원칙 위반일 것이다.

원칙적으로 군인과 군 기지는 무력충돌법상 '합법적' 표적이다. 따라서 북한군이 연평도의 우리 군 기지를 공격했다는 사실 자체는 전쟁범죄를 구성하지 않는다는 점을 기억할 필요가 있다.

북한군의 연평도 포격이 여전히 전쟁범죄라고 주장하는 입장에서는 우선 북의 포격으로 우리 측 민간인이 피해를 입었다는 사실을 제시할 수 있다. 그러나 이에 대해 앞서 살펴보았듯이 군 기지 내에서 공사를 수행 중이던 민간인이 그 군 기지에 대한 공격과정에서 사망했다면 이는 '구분의 원칙' 위반이 아니며 따라서 민간인을 고의로 살상한 전쟁범죄로 보기 어렵다는 반론이 가능하다. 그렇다면 북의 포격으로 기지 외곽의 민간 거주지역이 피해를 입은 사실을 들어 구분의 원칙에 위배된다고 주장하는 것은 어떨까? 구분의 원칙이 위배되었다고 말하기 위해서는 북한군이 그 민간지역을 주요 표적으로 삼아 타격했다는 증거가 필요하다. 그러한 증거가 없는 한 민간지역 피해는 아무래도 무력충돌법상 '합법적' 표적인 군 기지를 공격하는 과정에서 발생한 합리적 범위 내의 부수적 피해로 간주될 가능성을 배제할 수 없다. 그렇다면 이번엔 그 부수적 피해가 '비례성의 원칙'에 어긋나는지에 대해 살펴보아야 한다. 부수적 피해를 비교평가하는 기준은 그 공격행위로 인해 예상되는 군사적 이익이다. 북한군이 연평도 군 기지에 대한 포격을 통해 얻을 것으로 예상한 군사적 이익과 그 포격을 통해 발생한 부수적 피해를 비교해야 한다. 모든 비례성의 원칙 관련 사례가 그러하듯 객관적 판단이 어려울 수밖에 없다. 그러나 그간 국제사회의 무력충돌 관행과 판례에 비추어 연평도 민간거주 지역의 피해가 비례성의 원칙에 어긋나는 과도한 피해였다고 섣불리 단언하기는 어려운 측면도 있을 것으로 추정된다.

천안함 사건[29]이 전쟁범죄에 해당하는가라는 질문에 답하기 위해서도 방금 전에 살펴본 연평도 사건과 마찬가지의 판단과정이 필요하다. 북한 잠수정에 의한 천안함 공격이 무력충돌의 존재를 구성하는가의 문제를 우선 따져야 하며 그것이 무력충돌의 상황이라고 판단된다면 그다음으로 과연 그것이 무력사용법의 심각한 위반에 해당하는가를 판단해보아야 한다. 우선 천안함에 대한 짧은 순간의 일방적 기습공격이 '무력충돌'을 구성한다고 보기는 어려울 것으로 생각된다. 비록 수많은 생명을 앗아간 커다란 비극이자 용납할 수 없는 군사도발 행위이지만 그렇다고 해서 국제인도법상

---

29 천안함 사건에 대한 정부와 국제합동 조사단의 조사결과를 신뢰하지 않는 의견도 있으나 여기서는 북한의 소행이라는 조사결과를 전제로 논의하도록 한다.

무력충돌이 되는 것은 아니다. 아울러 무력충돌이 존재한다고 보는 입장을 취할 경우에도 우리 해군의 군함이라는 군사적 대상을 공격한 행위는 '구분의 원칙'에 위배되지 않으며 부수적 민간피해가 없었기 때문에 '비례성의 원칙'과도 무관하다.

연평도 사건과 천안함 사건의 특성은 기습공격과 정전협정 위반이라고 할 수 있는데, 이는 전쟁범죄의 목록에 해당하지 않는다. 미국의 어느 변호사는 언론 기고문에서 북한의 천안함 공격이 적군을 '배신적으로(treacherously)' 사살하는 행위에 해당하며 이러한 행위를 전쟁범죄로 규정한 국제형사재판소 규정에 따라 북한 지도부를 전쟁범죄자로 기소할 수 있다는 주장을 전개한 적이 있다.[30] 이 기고문의 저자는 일단 무력충돌의 존재라는 전제를 따져보지도 않았지만 더욱 안타깝게도 무력충돌법에서 말하는 배신적 행위의 의미를 제대로 찾아보지 않은 것으로 생각된다. 전쟁범죄에 해당하는 배신적 행위는, 예를 들어 항복하는 척 하거나 부상자인 척 하면서 공격하는 행위 또는 유엔이나 적십자 요원인 척 하면서 공격하는 행위를 가리키며 기습공격은 이 조항에서 말하는 배신적 행위가 아니다. 정전협정을 위반한 기습공격은 그 자체로 전쟁범죄를 구성하지 않는다.

그런데 방금 전까지 살펴본 전쟁범죄 적용론은 북한의 용납할

---

30 Jared Genser, "Take Kim to Court," *Wall Street Journal*, June 3, 2010.

수 없는 도발행위를 전쟁범죄가 아니라고 옹호하는 이적행위 같은 결과를 낳아버렸다. 결국 북한의 행위는 법적으로 아무런 흠잡을 데 없는 정당한 행위였다는 말인가?

물론 그렇지 않다. 북한의 행위는 정치적·도덕적으로는 말할 것도 없고 법적으로도 분명히 잘못된 행위이다. 여기서 우리는 말하자면 '전쟁법의 역설'이라고 부를 만한 상황에 직면하게 된다.

전쟁법(국제인도법)은 무력충돌이라는 비극적 현실을 수용하고 그것을 현실적 한도 내에서 법적으로 규제하기 위한 규범 틀이다. 따라서 기본적으로 무력충돌 상황에서 사람을 죽이고 재산을 파괴하는 폭력적 행위를 어느 정도 용인해주는 법이다. 특정한 비도덕적 행위를 좀 더 강력하게 규탄하고 단죄하기 위해서 만든 규범이 아니라, 본질적으로 비도덕적이고 잔혹할 수밖에 없는 전쟁의 현실을 받아들이고 그중 특히 심각한 반인도적 행위들만을 가려내어 그 행위를 중심으로 깊이를 알 수 없는 인류의 야만성을 조금이라도 통제해보려는 노력이 야기한 규범체계인 것이다. 따라서 무력충돌의 존재와 전쟁법 핵심원칙의 위반이라는 구성요건을 충족하지 못하는 행위를 섣부르게 전쟁범죄의 담론으로 끌어들이려는 시도는 역설적으로 그 지탄받아야 할 행위에 '합법적' 또는 '무죄'라는 긍정적인 꼬리표를 달아주게 되는 결과를 낳고 만다. 우리 군인들을 기습공격한 가증스러운 북한군의 행위에 합법과 무죄라는 승리 아닌 승리를 안겨주는 것이다. 전쟁범죄 개념의 특수한 법이론적 배경(무력충돌법)을 무시하고 단지 일반 범죄에 비해 더 중하고 무거운 범죄, 따라서 도덕적으로 더 강한 규탄이 가능한 범죄라는 차원에서만 접근할 경우 발생하는 역설이라 할 수 있을 것이다.

북한의 전쟁범죄에 대해 조사하겠다고 호기롭게 언론에 밝혔던 국제형사재판소의 검사는 그 이후 별다른 소식을 전해주지 않다가 임기를 마치고 물러났다. 후임 검사가 북한의 전쟁범죄를 계속 검토하고 있다는 이야기도 들려오고 있지 않다.

국제법상 국가책임론의 차원에서 북한군의 무력도발 행위는 정전협정의 명백한 위반이자 무력사용을 금지한 국제법의 기본원칙에 어긋나는 '국제위법행위'이다. 유엔헌장상 합법적 무력사용은 자위권과 유엔기관이 허용하는 군사 제재조치뿐인데, 북한의 천안함과 연평도 도발은 이 두 가지 중 어느 경우에도 해당하지 않으며 명백한 국제법 위반행위라고 할 수 있는 것이다. 그러나 본질적으로 국제법 위반행위는 '국가'에 대한 평가이며 개인의 국제법적 형사책임과는 직접 관련이 없다. 개인의 책임을 묻겠다며 국제형사재판소에 전쟁범죄로 기소할 경우 방금 전에 논의했듯이 전쟁범죄로 평가되기 어려운 것이 사실이다. 물론 국제형사재판소에서 기소할 수 있는 범죄는 전쟁범죄 외에도 반인도범죄와 대량학살(제노사이드), 그리고 침략범죄가 있다. 여기서 천안함과 연평도 사건은 반인도범죄나 대량학살의 요건과는 거리가 있으니 침략범죄에 대해 검토해볼 수 있을 것이다. 그런데 침략범죄는 국가들 간의 의견

대립으로 인해 진전을 보지 못하고 있다가 구구절절한 타협을 거쳐 힘들게 규정이 마련되기는 했으나 복잡한 여러 요건으로 인해 아직 효력을 발휘하지 못하고 있다.

그렇다고 해서 무력도발 행위를 자행한 북한 지도부 개인들에 대해 전혀 법적 책임을 추궁할 이론적 공간이 없다는 뜻은 아니다. 무력충돌의 존재를 전제하여 천안함과 연평도에 대한 공격을 전쟁범죄로 몰고 갈 경우 합법과 무죄의 영예를 안겨줄 가능성이 농후한 반면, 무력충돌의 존재를 전제하지 않는다면 그것은 우리나라의 국내적 형법체계상 규정된 여러 범죄 조항들이 그대로 적용될 수 있는 길을 열어준다. 무력충돌 상황이 아니기 때문에 군인의 군인에 대한 폭력사용이 정당화될 수 없는 것이다. 말하자면 서울 명동에서 휴가를 즐기던 외국 군인이 마침 백일휴가 차 명동에서 친구를 만나러 길을 재촉하던 우리나라 육군장병과 시비가 붙어 우리 장병에게 폭행을 가했을 때, 무력충돌법상 정당한 표적인 군인을 공격했으므로 위법행위가 아니라는 어이없는 항변을 제시할 수 없는 것과 결국은 마찬가지다.

물론 남북 간의 특수한 현실에 비추어 국내형법을 적용하는 것은 현재로서 거의 불가능할 것이다. 아울러, 국내형법 적용의 법적 타당성을 떠나 그것이 과연 우리의 국가안보와 한반도 평화에 얼마나 유용한지에 대해 냉철하게 생각해보아야 함은 두말할 나위도 없을 것이다.

✓✎ 무력사용의 법, 평화의 비전

21세기의 한국인들은 북한의 권력 세대교체, 그리고 중국의 부상과 미국의 변화 등 한반도 주변정세의 변화를 지켜보며 개인적 신념과 이념적 지향에 상관없이 누구나 자신의 생애기간 중 한반도에 전례 없는 커다란 변화의 파도가 몰아쳐올 수 있다는 예감을 안은 채 살아가고 있다. 그리고 그 변화가 전쟁이 아니라 평화의 형태로 다가오기를 바라고 있을 것이다. 한반도를 전쟁상태라고 규정하는 것은 잘못된 상식이라고 앞서 지적했는데, 이는 법적인 차원의 평가일 뿐 실제 언제든 전쟁으로 확대될 수 있는 군사적 대치상태가 존재하고 있는 것이 엄연한 현실이다. 가끔씩 한반도를 뒤숭숭하게 만든 북한의 위협 제스처는 짜증스러운 말의 향연에 불과할지라도 이러한 현실의 일부임에는 틀림없다. 그러다보니 한반도 정세에 대한 주의 깊은 관찰과 무력사용 국제법에 대한 관심은 서로 그다지 멀리 떨어져 있을 수 없다. 어떤 의미에서 한반도 평화의 담론은 무력충돌법 체제와 긴밀히 연관되어 있다.

이 책에서 다루지는 않았지만 북방한계선(NLL) 문제, 정전협정의 적용과 해석, 북한 급변사태 또는 군사도발 시나리오, 남북 간 군사적 신뢰구축과 평화체제 등 여러 한반도 평화 관련 쟁점에 대해 논리적 일관성을 갖고 접근하기 위해서는 무력사용의 두 규범체제(*jus ad bellum*과 *jus in bello*)에 대한 이해가 필수적이기 때문이다.

무력충돌이든 통일이든 거대한 변화의 파도가 몰아닥칠 때에는 이성이 아닌 감정, 신념이 아닌 두려움, 희망이 아닌 절망이 우리의 인식과 판단을 지배하기 쉽다. 여기서 우리는 9·11 테러의 충격에서 헤어 나오지 못한 미국의 부시 행정부가 법치주의의 원칙과 이상을 방기하고 애국적 충정을 인권에 앞세우면서 저지른 수년간의 과오와 그 정치적 후폭풍을 떠올려볼 필요가 있다. 잭 골드스미스는 당시 부시 행정부가 충분한 협의와 검토 없이 일방주의와 법기술적 자기정당화에 입각한 권력을 행사하면서 사람들을 설득하고 끌어 모으는 '정치'를 회피했다고 비판한다.[31] 특히, 고문 메모와 관타나모 연대기에서 살펴보았듯이 과도한 이념적 지향을 가진 일부 변호사들이 기발한 논리와 억설로 만들어낸 극단적인 법적 입장을 대통령과 고위관료들이 비판적 성찰 없이 그대로 정책화함으로써 결국 견제와 균형이라는 민주주의 시스템의 해독작용이 필요했던 점은 시사하는 바가 크다. 향후 한반도 정세가 요동치는 격변의 순간 우리에게 늘 가까이 있을 수밖에 없는 무력사용의 국제법이 평화와 안정의 근본적인 요구를 외면한 채 기술적인 정파적 해석이나 이데올로기적 편향에 휩쓸릴 경우 결국 피해자는 우리 자신이고 우리의 국익일 것이다. 지금까지 살펴보았던 대로 무력사용과 관련된 법적 문제들의 상당수는 여전히 명쾌한 실정법적 해답이

---

31 Jack Goldsmith, *The Terror Presidency*, New York: W. W. Norton, 2007, p.205.

결여된 해석의 회색지대에 놓여 있다. 그 때문에 정치적 균형감각을 상실한 법기술적 궤변이 평화에 대한 비전과 지혜를 대체해버릴 가능성을 더욱 경계해야 한다. 결국 평화의 궁극적 심급은 법이 아니라 그러한 비전과 지혜를 만들어내는 정치이기 때문이다.

주요 참고문헌

독도 문제

권오엽. 2009.『독도와 안용복』. 충남대학교출판부.

방기혁 외. 2007.『울릉도 독도 사수실록』. 비봉출판사.

송병기. 2005.『고쳐 쓴 울릉도와 독도』. 단국대학교 출판부.

신용하. 2004.『신용하의 독도 이야기』. 살림.

예영준. 2012.『독도실록 1905』. 책밭.

외교통상부. 2012.『독도문제 개론(전면개정판)』. 외교통상부.

이진명. 2011.『독도, 지리상의 재발견』. 삼인.

영토, 해양, 주권 문제

김대순. 2011.『국제법론』. 삼영사.

이한기. 2006.『국제법강의』. 박영사.

정영진 외. 2011.『국제법: 이론판례 및 문제해결』. 신조사.

정인섭. 2012.『신국제법강의』. 박영사.

Brownlie, Ian. 2003. *Principles of Public International Law*. Oxford.

Colson, D. A. and R. W. Smith eds. 2011. *International Maritime Boundaries*. Nijhoff.

Krasner, Stepehn. 1999. *Sovereignty: Organized Hypocrisy*. Princeton University Press.

Malanczuk, Peter. 2000. *Akehurst's Modern Introduction to International Law*. Routledge.

인권 문제

권영성. 2002.『헌법학원론』. 법문사.

정종섭. 2003.「기본권의 개념에 관한 연구」.《법학》, 제44권 제2호. 서울대학교 법학연구소.

황준식. 2011.「국내적 인권과 국제적 인권? 인권개념의 이중성에 대한 소고」.《한양법학≫, 제22권 제3집. 한양법학회.

Cassese, Antonio. 1990. *Human Rights In A Changing World*. Polity Press.

Moyn, Samuel. 2010. *The Last Utopia: Human Rights in History*. Harvard University Press.

Steiner Henry et al. 2000. *International Human Rights in Context*. Oxford.

무력사용 문제

김영석. 2012. 『국제인도법』. 박영사.

황준식. 2011. 「국가안보, 법치주의 그리고 '대테러 전쟁'」. ≪국제법평론≫, 제33호. 국제법평론회.

Goldsmith, Jack. 2007. *The Terror Presidency*. W. W. Norton and Company.

Mayer, Jane. 2009. *The Dark Side*. Anchor Books.

Schart, Michael et al. 2010. *Shaping Foreign Policy in Times of Crisis*. Cambridge.

Solis, Gary. 2010. *The Law of Armed Conflict*. Cambridge.

Yoo, John. 2006. *War By Other Means*. Atlantic Monthly Press.

* 무력사용과 대테러 전쟁에 대한 미국 내의 최근 논의동향에 대해서는 Opinio Juris (opiniojuris.org)와 Lawfare(www.lawfareblog.com) 등 미국 법학 블로그의 기고문들을 다수 참조했다.

지은이 홍중기

1974년 서울에서 출생했다. 서울대학교 법과대학을 졸업하고 미국 뉴욕에서 국제법 관련 공부를 한 경험이 있다. 국제법과 관련한 논문과 번역서 등을 집필했다. 현재 공무원이다.

국제법을 알아야 논쟁할 수 있는 것들
독도와 바다, 주권과 인권, 그리고 전쟁에 대한 약간은 불편한 진실

ⓒ 홍중기, 2013

지은이 │ 홍중기
펴낸이 │ 김종수
펴낸곳 │ 한울엠플러스(주)

초판 1쇄 발행 │ 2013년 5월 20일
초판 3쇄 발행 │ 2018년 12월 3일

주소 │ 10881 경기도 파주시 광인사길 153 한울시소빌딩 3층
전화 │ 031-955-0655
팩스 │ 031-955-0656
홈페이지 │ www.hanulmplus.kr
등록번호 │ 제406-2015-000143호

Printed in Korea.
ISBN 978-89-460-6578-9 03340

* 책값은 겉표지에 표시되어 있습니다.